百年木《センチュリープラント》の仲間
左《白虚空蔵》Agave parryi v. huachucensis
右《雷　　神》Agave potatorum v. verschaffeltii

花の妖美
《四角時計》
Passiflora
quadrangularis

シンメトリカルな
形態
《兜》
Astrophytum
asterias

自分で水をつくる
《黒王丸》
Copiapoa
cinerea

《小紋玉の仲間》
Conophytum
wigittae and
near species

《奇想天外》実生12年生
Welwitschia bainesii

ちくま学芸文庫

シャボテン幻想

龍膽寺 雄

筑摩書房

シャボテン幻想▲目次

荒涼の美学

生きた心臓を捧げる　古代アステカの神饌

麻薬か魔薬か？　13

奇怪な数種のアルカロイド　20

コロムブスのおみやげ　23

世界で一番珍奇な植物

『奇想天外』の二千年　31

移植も実生も困難 35
どんな植物? 36
奇怪な形態 38
根もまた奇異 40
体操をしながら育つ葉 43
計画的な実生の栽培に成功 45

大自然の建築設計

『弁慶柱』と『巒岳』とギリシア神殿 49
どちらを模倣したか 54
何が次ぎの世に遺るか 59

砂漠の救世主
シャボテンの人生効用 65
砂漠の自然の貯水池 70
酒 72
仙薬 76
木材と繊維 82
『死の谷』『悪魔の花園』の同伴者
シャボテン好きの心理分析 85
肥った悩み 89
「善人なおもて成仏す」 94

「芸」について 98

砂漠が生んだ近代造型

荒涼の美学 101
今なお進化を続ける 109

植物のいろごと遊び

命をかけた必死の遊戯 119
雌と雄の植物 125
ヤキモチの応用学 130

アンデスの孤独

水罠・砂漠で水をつくる 135

怪奇な生態

砂漠は生長する 139
水は天からもらい水 141
アンデスの無雨地帯 145
古代インカ帝国 147
アンデスの孤独 150
はいまわる『悪魔』 159
遁げだす 167
空中で生きる 170
地中生活 177

擬態　181

感情を動かす植物（？）

日本での実験　187
アメリカでの実験　192
人間の能力の限界　195

詩篇　210

解説　「植物の文学」（田中美穂）　219

シャボテン幻想

写真と挿画　龍膽寺　雄

荒涼の美学

生きた心臓を捧げる　古代アステカの神饌

麻薬か魔薬か？

麻薬を、ここでは魔薬というあて字にすりかえたほうが、感じが出る。いったい、この魔薬の魅力というのは、何なのだろう。いってみればそれは、ごく具体的な手段で、いきなり人間を、レアリズムの世界から逃避させて、ロマンティシズムの世界へと飛躍させる薬だといえばよさそうだ。その点では、魔薬は、あらゆるロマンティシズム芸術が、現実の足かせで身動きとれず縛《しば》られた人間を、その理ぜめの錘《おもり》から解放して、五彩の虹の輝く空のかなたへ、かるがると羽搏《はばた》かせる、あの魅力に似ている。だから当然、魔薬の歴史は人間にとって、ロマンティシズム芸術の歴史とともに、古いわけだ。これから述べる奇怪な、幻想的な植物も、昔、いつの頃から、ある種の人々を魅了して、その古い歴史を彩《いろど》って来たか、その遠い歴史はさぐるべくもないほどであるのも無理がない。

一五二一年にスペインの遠征軍をひきいたフェルナンド・コルテスに征服されたアステカ王国は、その後革命また革命で幾変遷したのち、現代のメキシコになったわけだが、この古代アステカ王国に色んな文化遺産をのこして滅びた古代マヤの歴史は、遠く紀元前数世紀に及んで、古代エジプトのそれにひけをとらない古さと、高度な文化を誇って、神秘のかなたに姿をかくしている。このマヤもアステカも、スペインの征服とその後の革命の間に、あとかたもないほど歴史を破壊されて、今残っているのは、いわゆるメキシコ人気質といわれる情熱的な血液を別として、砂漠とジャングルの荒涼たる自然と、荒廃した、しかし、眼をみはるばかり雄渾《ゆうこん》な建造物の遺跡をとどめているぐらいのものだが、そのちぎれちぎれになった歴史のかけらの中に、今は滅びた二つの古い王国の神秘な姿がちらちらのぞけるのは面白い。

　アステカもマヤも、古代エジプトの場合と同じく、その建造物の中に壮大なピラミッドを持っていることは、有名だ。こういう建造物は、いうまでもなく王（あるいは主権者）の権力の象徴としてモノをいっていることは、東西どちらも同じだが、ただ、エジプトのピラミッドが、主として王家の墳墓としての意義を持たされているのとちがって、アステカやマヤでは、この壮大な建造物、――石で築いた段ピラミッドやそれに付属した翼廓の建物は、神をまつる神殿として、あるいは神と深いかかわりのある「天」、つまり太陽や月や星々の運行を測《はか》る天文台の役割も兼ねて建てられたことがわかっている。古代マヤの暦《こよみ》は、紀元前数世紀に、すでに一年を三百六十五日¼弱として、閏《うるう》のはしっぽをちゃんとくっつけていたという正確無比さは、有名な話だ。マヤとアステカは、この段ピラミッドの神殿で神をまつる時に、奇怪な魔薬を使ったらしい、というところから、話が本筋の魔薬の話に戻るわけだが、いったい、その魔薬というのは、何だろう。

近頃北米では、メキシコとの国境に近い南西部諸州の都市や町で、阿片やLSDやマリファナや類似の魔薬を取り締まる役人が、一種のシャボテン酒の横行に手を焼いて、その厳しい禁止に乗りだしはじめているといわれる。そのシャボテンというのは、メキシコの中北部と北米の国境辺にわたる高原砂漠に自生するロフォフォラ属の植物で、学名は Lophophora williamsii 日本名『烏羽玉《うばたま》』といわれる一種と、その近縁の数種で、日本でも園芸植物として珍重されている。このシャボテンは、シャボテンとしてはちょっと型やぶりで、からだには一切トゲらしいトゲがなく、トゲのかわりに、短い柔らかい羊毛のような毛の束《たば》をつけ、球体は直径せいぜい五、六センチから一〇センチ内外までの、比較的小形で、はじめ扁円形から球状に育ち、のち円筒形になる。

肉質柔らかく弾力があって、ちょっと大福餅の感触に似ている。種類によって葉緑色から灰緑色を呈し、毛束の長さもまちまちで、古株になると、下の方の表皮が木質化し、分岐して多頭の株立ちになる。一般のシャボテンに生えている堅い鋭いトゲは、主として、爬虫類や鳥獣、虫などの食害から身をまもるための武器として、役立っているわけだが、一本のトゲも身につけず、ただ、か弱い羊毛の束で身を飾って、おまけにブヨブヨと柔らかくて、水々しくおいしそうな肉質をしているだけのこの植物が、極度に乾燥して草木の乏しい砂漠地で、食べものにも飲み水にも飢えているそれらの動物や生きものに、どうして食害されずに身を保てるか、そのナゾは、ひとえに、この植物の体内に、樹液の成分として含まれる毒物、——数種の、特殊なアルカロイドによる、と見られている。

このアルカロイドこそ、この植物が魔薬の役目を買って、魔薬取締りの役人の手を焼かせたり、また古くは、古代アステカや古代マヤの神殿で、奇怪な宗教儀式に用いられて、連戦連勝不屈なスペイン遠征軍と、その指揮者をさえたじろがせるようなことになった、そのみなもとなのだが。

そのアルカロイドの話の前に、古代マヤや古代アステカの例の壮大なピラミッドの神殿で、どういう奇怪なおまつりが行われたかを、スペイン遠征軍に同伴した記録者

人身御供の図（マヤ神殿の壁画）

の記録や、遺跡の神殿の石の壁に残された浮き彫りなどを根拠として、描いてみよう。

マヤもアステカも、太陽や月や星々などの天体の動きを、人間の運命と深い関係があるものと考えて、一方、天体の観測に深い注意と敬意を払いながら、他方、その尊崇や畏怖の気持を、手あつい祀《まつ》りと犠牲《にえ》の捧げもので現した。その犠牲《にえ》というのが、じつに、生きた人間の心臓なのだ。

スペインの遠征軍をひきいたコルテスが、アステカの首都テノチティトラン（現在のメキシコ市）にはいって、最初は征服者としてではなく、平和の使者として、国王のモンテスマに謁見を申し入れ、絢爛豪華な王宮に賓客として迎えられている間にも、王宮の眼の前にそびえる大小二つの壮大なピラミッドの頂上の神殿では、毎日身の毛もよだつような残忍な犠牲《にえ》の儀式がいとなまれていた。軍神ユイツィロポチトリの神像の前にそなえられた暦《こよみ》を彫った大きな石臼の上に、毎朝少なくも二人以上の男がおごそかなよそおいをした神官たちの手で抑えつけられて、黒耀石をみがいた刀で生きたまま胸を引き裂かれ、中から取り出したまだピクピク動いている血みどろの心臓が、犠牲《にえ》として太陽にささげられた。——

アステカ人の信じるところによれば、(マヤの場合ははっきりしないが、似たり寄ったりにちがいない。) 万物に生命を与えて空を照らしている太陽は、夜は夜じゅう闇の中に光っている無数の星の悪魔とたたかい、あけがた再び東の空に昇る時は、一夜のたたかいで疲労困憊《こんぱい》して、気息えんえん、すっかり弱りきっている、ソレを元気づけ、力をつけて振るい立たせるためには、人間の生きた心臓と、充分な量の生き血を捧げる以外にない。この太陽の毎夜毎日のいとなみのためには、星の数ほどの犠牲を捧げないと、太陽はのぼることが出来ず、世の中はあらゆる悪魔の跳梁《ちょうりょう》にゆだねられ、人は幸福に生きて繁栄する希《のぞ》みを断たれることになる。

この恐るべき宗教のために、アステカは一日も犠牲を欠くことが出来ず、手持ちの用意が足りないと、近隣へ戦《いくさ》を仕掛けては、大量の捕虜をとらえて来るのが、国家の行事の一つになっていた。殊に、天体や気象に何かの異変が起きたり、神官の星占《ほしうらな》いにそのお告げが現れたりすると、大量の犠牲が要求され、ある場合の記録によると、数日間にわたって数万人の犠牲が捧げられて、大ピラミッドの正面に二列ならんでいる急勾配の、百三十段の階段の上から下まで、全面血の流れでまっ赤に染めるようなことさえあった。カトリックの布教を遠征軍の一つの使命と心得て、キューバの基地から、はるばる海路陸路を経てアステカの主都まで入りこんで来たコルテスが、王宮の賓客として、これを眺めてのうのうと暮らしていられなかった理由も、いくらかわかる気がする。平和の使徒というネコかぶりをかなぐり棄てて、王国征服という荒療治にかかることになったのは、それから間もなくだ。スペインの統治下になってから色んな調査が行われたが、その中に、一つのピラミッドの遺跡から十三万六千箇のシャレコウベが発見されたという報告がある。このような奇怪な祀《まつ》りが行われたピラミッドの神殿が、古代マヤ族発祥の地であるユカタン半島から、アステカ王国の全土にわたる多くの都市に及んで、数多くその遺跡をのこしている。

もっとも、日常の行事としての犠牲の儀式のために、いつも大量の捕虜を必要としたのではないらしい。軍神ユイツィロポチトリをとおして太陽に捧げられる犠牲だから、あだやオロソカに人選は出来ない。同族の中から犠牲に選ばれるというのは、一種のエリートで、身分家柄正しく容姿端麗才色兼備といったのが、本人もソレを承知の上で選び出され、多くの讃美と尊敬を受けながら、数カ月、思いのまま美女にかしづかれ、美衣をまとい、山海の珍味で手厚くもてなされて、美しくゆたかに肥え太《ふと》った上、ある朝ピラミッドの神殿にのぼって、神官の手で胸を斬り裂かれ、生きた心臓を取り出して血みどろのまま捧げられる。この残虐きわまる奉仕をイヤがりもしなければ怖がりもしないのだ。

いったい、この奇怪な心理は何なのだろう。

そこに、この不思議な、魔性《ましょう》の植物、『烏羽玉《うばたま》』——ロフォフォラ Lophophora 属のシャボテンが登場することになる。

奇怪な数種のアルカロイド

阿片やモルヒネやコカインも、植物に含まれるアルカロイドと関係があって、いずれも幻覚や鎮痛や麻痺の強い作用をもっている。ロフォフォラ属のシャボテン『烏羽玉』には、幾つかの変種があって、そのそれぞれから阿片に類似する数種のアルカロイドが発見されて、記述されている。たとえば、紅花《べにばな》烏羽玉 Lophophora williamsii からはペロチン pellotine（化学式は $C_{13}H_{19}NO_3$）、白花烏羽玉 Lophophora lewinii からはメズカリン Mescaline（化学式は $C_{11}H_{17}NO_3$）、その他、以上の二種やその他の近似種や変種の主成分として、アンハリン Anhaline、アンハラミン Anhalamine、アンハロニディン Anhalonidine、アンハロニン Anhalonine、アンハラニン Anhalanin、アンハリディン Anhalidine などが調査されている。作用もいろいろちがっていて、幻覚や麻痺、鎮静、鎮痛、興奮、痙攣《けいれん》などさまざまで、このうちメズカリンは化学的に合成もされ、作用の実験報告などもなされて、かなりくわしいことがわかっているが、それによると、その作用は幻覚性で、あらゆる感覚を色感として受取るようになる。触感や圧感、冷熱感、聴覚、視覚、味覚、痛覚や痒覚、性感なども、ことごとく色彩として還元して受取るために、七彩の虹の世界にフワフワ浮いているような幻覚におちいるといわれる。たとえば、音楽を聴くと、虹色の蕩漾《とうよう》する色彩のオーケストラとして感じる、というわけだ。その他の作用も、色々調査されているが、今もって不明なのは、その中のどれとどれをどのように調合して、どのようにそれを用いると、どんな作用や効果を呈するか、という点で、古代マヤやアステカの原住民が、この植物をいたく大切にし、神聖視し、珍重していたかは、これを『神の肉』と呼んだり、

『悪魔の根』と呼んだりして、神前の聖物として扱っているのを見てもわかる。祀《まつ》りの前になると、これを採集するために、彼等は部族をあげて砂漠の曠野《こうや》にえんえん長蛇の列をなし、昼はシャボテンの藪陰に睡り、夜はタイマツをともして、長い旅路を続けるといわれる。こうして集めた烏羽玉は、首長の手に委《ゆだ》ねられて、特別な地下の窖《あなぐら》に保管され、やがて切り刻んで乾燥して粉末にされたり、時にはナマのまま酒につけたりして用いた。時にはそのまま丸噛《まるかじ》りするような場合もあったらしい。アステカも、また、これにその文化を伝えたマヤも、高い文化を誇った民族で、たとえば、砂漠に自生するムラサキ科の植物から、月経を遅延させる効果のある避妊薬を見つけ出して、人口調節にソレを応用したり、ピラミッドの遺跡から発見された無数のシャレコウベの中には、前額部に穿孔手術をした痕跡のあるものが少なからずあって、それらは、精神分裂症の治療のために行われた脳外科の手術の痕跡と推定されるなど、近代医学そこのけの文明を持っていたといわれる。烏羽玉のアルカロイド数種をいろいろと按配調合して、戦争前には部族をあげて、一人のこらず臆病ものなしの勇者に仕立てたり、負傷の痛みを麻痺させて、刀傷や矢傷《やきず》を治療したりはもちろんのこと、生きた心臓を神にささげるために、ピラミッドの石の階段をのぼる犠牲《にえ》を、怖じけづかせないために、また、あまり切れ味よさそうでもない黒耀石の刃物《はもの》で、胸を切り裂《さ》かれても、ジタバタと痛がらずにすむように、といった効果を求めて、これが用いられた形跡がある。この悽惨な犠牲の場面を描き出した神殿の石の壁の浮き彫りの中に、烏羽玉がちゃんと表現されているのでもわかる。ただ、この奇怪な魔薬の調合の秘密は、スペインの征服とその後繰返された革命騒ぎの間に、あとかたもなく破壊し尽されたマヤ・アステカの文化とともに、今は消滅してしまっている。

コロムブスのおみやげ

元来、マヤはトウモロコシなどを主とした農耕国で、神殿を中心とした儀式で国をおさめていたらしい神官国家だが、豪壮な段ピラミッドや華麗怪奇な彫刻におおわれた石造の神殿を、ジャングルと砂漠がいりまじったユカタン半島の各地に遺《のこ》して、その末裔《まつえい》は、やはりスペインの攻略のもとに潰《つい》えた。マヤもまた、ピラミッドの神殿でおごそかに天体を祀《まつ》って犠牲《にえ》をささげたが、この場合は、タブウやトーテムを犯した女などまで犠牲に選ばれたらしく、金星神パンテックトリの輝く淋しい空の下で展開したそういう残忍な光景が、烏羽玉の象徴といっしょに、怪異な浮き彫りの壁画に残っている。もっとも強制されたこういう犠牲の場合は、それでも、その恐怖と苦痛を柔らげるために、烏羽玉の麻酔が行われたらしく、犠牲の女の口を無理に割って、烏羽玉の絞り汁をそそぎこんだといわれている。

マヤ族は烏羽玉のほかに、ベニテングタケやツキヨタケ類似の毒茸《きのこ》なども使用したらしくて、現在でも南部メキシコに住む原住民の中には、乾燥したそれらの毒茸《きのこ》を神聖な占誓の儀式にそなえて、幻覚におちいった巫女《みこ》から、神の托宣を、おそれかしこんでうけたまわっているといわれる。実験者の記録によると、幻覚はメズカリンのそれときわめて類似していて、七彩の虹の中に浮遊するような恍惚境を長時間さまようといわれる。この茸を土族は昔から『聖なる茸』と呼んでいるので、烏羽玉がやはり一見キノコによく似た形ちをしていて、同じように『聖なるキノコ』と呼ばれているのと、よく混同して記述されたらしい形跡がある。

マヤ族に反してアステカは、メキシコ北方の辺境から、だんだんと南へくだった元来狩猟民族で、色んな部族が首長を王として群雄割拠していた分裂国家時代（十三世紀から十四世紀頃にかけて）に、その軍事力や機動力を買われて、それらの首長国から軍備や警衛の任をまかされているうちに、だんだんと勢力を得て、とうとう、メキシコのほぼ全地域を統合するようになり、テノチティトランに壮麗をきわめた首都を築いて、一大王国の権威を誇るようになった。アステカは勇猛果敢な多くの軍勢を擁して、四隣に武威を張っていたが、それが、記録によると、フェルナンド・コルテスに率いられたたかだか六百名ぐらいのスペインの遠征軍——その内訳《うちわけ》をいうと、五百八名の歩兵、百名の水夫、三十二名の射手、十三名の小銃手、武器はといえば、大砲十四門、小銃十数挺、馬十六頭、という、そのていどの武力になぜ征服されたかというと、その時アステカには、大砲や小銃などの火器がなかった。第一、この新大陸には、馬という動物がいないので、馬に乗って走りまわる騎兵隊の兵士を見ると、馬と人とが一体となった、世にも奇怪なバケモノとしか映《うつ》らず、勇猛をもって鳴るアステカの戦士は、手槍や弓だけの素朴な武器で、このバケモノに立ち向かう勇気をなくして、ただ右往左往遁《に》げまわるしかなかった。

その上、彼等の負け戦《いく》さのいちばんの理由は、スペイン軍はあらゆる殺戮《さつりく》を敢えてして、戦いにいどんだのに、アステカ軍はそのしきたりに従って、敵をただ生け捕《ど》りにして、ピラミッドの神殿で犠牲にそなえようと、出来るだけ相手を殺したり傷つけたりしないようにと、気を配って振る舞った。カトリックの聖旨を表向き押し立てて、その陰であらゆる貪婪《どんらん》残虐な征服欲でスペインから遠征して来て、新大陸の東西南北を押しまわっていた敵とは、どだい相手にならなかったわけだ。

マヤ滅び、アステカ滅び、やがて南米のインカ帝国滅びて、コロムブスが発見した黄金の国新大陸は、スペイン遠征軍の軍馬の踏みにじるところとなったが、この遠征軍が勝利の栄冠のかわりに母国に誇らしげに持ち帰ったオミヤゲは、持ちきれないほどの量の金や銀だけではなかった。遠征軍の兵士が身につけて持ち帰った梅毒とタバコが、やがてスペインのみならず、ヨーロッパ全土からはじまって世界を風靡することになる。

伝説によると、コロムブスの遠征隊はカリブ海沿いの島々や岬の港々で、インディオと交易する時、鉄の斧と金の斧を交換したり、ガラスのビー玉を高価に売りつけて、金銀を貪《むさぼ》ったりしたといわれる。新大陸にはまだ鉄を製錬する知識がなく、金属といえば自然金が主だったので、斧やその他の刃物《はもの》はすべて金製だったわけだ。スペイン軍の兵士の持っている鉄の斧や刃物《はもの》の切れ味に惚れこんで、惜しげもなく、その金製のモノと交換に応じたという。少し話が面白すぎるので、いささかマユツバだが。

タバコは、——野生の原種が大陸の各地に自生している。それを口にくわえて、プカプカ煙を吐いて歩きまわっているインディオの姿に、遠征軍の兵士がいたく興味と好奇心を抱いたというのは、無理からぬことだ。たちまちその奇怪な風習に感染して、タバコの火をくわえはじめ、種子までオミヤゲにヨーロッパへ持ち帰って、遂に世界にそれをひろめた。世界じゅうがケムに捲かれたというわけだ。天然自然に驚くような合理主義を身につけて、それを風習としている原始人のインディオが、いったい何のためにタバコを吸ったか、——そもそも、タバコの葉に含まれるアルカロイドのニコチンは、人間の生理に有害な作用を及ぼす以外、全く何の効果もない筈なのに、牢固としてやめられない喫煙の風習に、世界じゅうが捲きこまれたというのはどういう理由なのか、文明世界はいまだにソレに回答が出せない。聡明なインディオは、たとえば、——古代マヤや古代アステカが、ムラサキ科の植物から避妊剤を発見して、早くも人口調節を試みたり、頭蓋骨の前額に穿孔《せんこう》して、精神分裂症の外科治療をして、近代医学にさきがけたり、色んな烏羽玉のアルカロイドを調合按配して、人間の精神を自由に支配したりしたように、ちゃんと、ソレ相応の理由と意義を意識して、ニコチンを利用したにちがいない。早い話が、働き疲れてうす腹がへってノドもかわいたというような時に、まず一服という一刻《いっとき》が挟まると、その間に、アバラ骨の隙間や皮下にたくわえられた脂肪の層から栄養がエネルギーとなって還元して流れ出たり、唾腺が刺戟されて一滴の唾を湧かし出してノドを潤《うるお》したりして、さて、もう一と働きと元気づける、——というぐらいのことはあり得よう。これは、微量なニコチンの害のマイナスをつぐなうだけの価値があるかもしれない。これだけの合理性が、何世紀もの過去から、世界じゅうのタバコ好きを、ただわけのわからない「趣好」という魔力で釣って来たいわれで、原始的なインディオが、まずその範をたれた次第だ。

梅毒は、これは趣好で世界にひろまったわけじゃない。趣好は別のところにあったので、時として、この文明病の感染で、南方の蕃族が一部族ごと潰滅したという悲劇的な歴史さえあるくらいだが、抗生物質の医学的文明が今日《こんにち》ほど進歩しても、まだ、根だやし出来ないでいるほど、今も全世界を闊歩している。これはインディオの物語ではないが、昔、台湾を旅して高砂族を訪ねたことがあるわが佐藤春夫先生が、流麗なその紀行文の一節で、こんなことを書いていられる。高砂族の少女の一人が山の畑で働きながら、意中の若者が麓の町へ所用があって出かけてゆくのを見送って、こんなイミの歌を唄っていた。（高砂族は万葉時代のように、恋心を歌でよむ風習がある）お前さんが町へおりてゆくのはいいが、日本人の女と遊んで、「男」を嚙《か》み切られて来るようなことがないように、お願いヨ、云々。――

しかし、高砂族ばかりじゃない。スペインの遠征軍の兵士の中に、征服したインディオの女から「男」を嚙み切られて、しょげかえって凱旋したのが何人いたか。あるいは何十人、何百人か、今からでは数えようもないがネ。

ちなみに、私たちが愛するこれまた怪奇幻想の植物・シャボテンがヨーロッパへもたらされ、ヨーロッパの植物学界や園芸界にはじめてお目みえして世界を驚かしたのもその時で、これもまた、梅毒やタバコなみに、やがて世界にあまねく行きわたって今日《こんにち》に及んだことは、ご承知の通り。

シャボテン好きもまた、梅毒やタバコなみに、一ぺんこれにとりつかれると、うつつをぬかして、商売を忘れ、職業をほったらかし、家や女房子や財布の中身をかえりみなくなって、ちっとやそっとで足を抜けなくなるのは、私がいい手本で、やはりこれも、魔薬の魅力にちかいといえようか。これに似た心境を、昔芭蕉も句に詠んでいる。

旅に病んで夢は枯れ野をかけめぐる

私も七十を越えて、今もまだ、夢は砂漠をかけめぐる、だから、何をかいわんやだが。

世界で一番珍奇な植物

『奇想天外』の二千年

地球上には、いったいどのくらい種類のちがった植物が生えているか、陸といわず海といわず、熱帯といわず、極地といわず、低地といわず高山といわず、湿地といわず乾燥地、——砂漠といわず、あらゆる科、属、種や変種などを残らず加えたら、億の単位、まず、無数といっていいだろう。

この無数の植物のうちから、たった一本の植物をとりあげて、何がいったいもっとも珍奇な植物か、ということを、世界の植物学界、植物学者からアンケートを取ったら、まず間違いなく、「これだ」という答えが一番に戻ってくるのが、この不思議な植物の『奇想天外』だといっていいだろう。

学名のウェルウィッチア・バイネシーWelwitschia bainesii に、『奇想天外』という日本名がつけられたのは、たしか昭和十年頃のはずだが、その前、東京の上野に今の科学博物館が出来た時、三階の大広間へのぼる大階段の正面の壁に、長さ数間にわたる大壁画で、この植物が紹介された。改装後この壁画は、そっくり二階の陳列室に移されて、現在に到っている。この絵は画家の内藤秀因氏によって、昭和七年頃描かれたといわれているが、これは、じっさいに自生地を眼で見て描いたのではなく、黒白の写真か植物学の記述などを資料としたらしく、色彩を間違えて、ほんものとまったくちがったイメージの植物として描かれているのは惜しい。つまり、この植物の最も重要な植物体である葉の部分が、あとで述べるように、じっさいはほとんど白に近い、明るい清浄な空色——淡青緑色なのに、壁画では、黒ずんだ濃緑色の、ひどく陰惨な色彩として描かれている。このことを私は、ずっと前に、当時の科学博物館長に注意したことがあるのだが、まだこの絵は、そのままになっているらしい。植物の実態よりも、知名な画家への義理立てが先なのだろう。この植物は、この壁画に描かれているようなイメージの植物ではなく、自生地では原住民たちが、『白い植物』と呼んでいるぐらいで、白粉を濃くおびた明るい空色の大きな葉が、銀白色に輝いて、陽に焼けた砂漠の砂地に、波打ちひるがえっているのだ。

どのくらいこの植物が珍奇だか、ということは、つぎの話でもわかる。

この植物は一科一属一種で、これに類似した近縁の植物は、他にまったくないのだが、この植物の発見者の名前を記念してつけたウェルウィッチアという学名は、その後、この植物が自生している、地球の果てのようなナミブ砂漠北部の海岸近い地域の平原の名前となり、ソコに一番近い原住民の集落の名前となり、その海岸を走る鉄道(今は廃線となって砂に埋もれているらしい)の鉄道駅の名前になった。

いったい、ある植物に、その植物が生えている地方の、山や土地や集落や町の名などがつけられるのは、ごくあたりまえのことで珍しくはない。日本特産の鳥や虫や植物に、japonicaという学名がつけられたり、箱根にだけ生えている植物だから、hakonensisとなったりするのは、よくあることだが、植物にまず名前がつけられ、それがあまりに珍しく、世界的にソレが知られたために、その自生地の土地の名や、そこに一番近い集落の名や、そこの鉄道駅の名になる、などというような例は、まったく類がない。

この不思議な植物が、天外の魔境ともいうようなかなた、南西アフリカからアンゴラ南部へかけての、ただただ荒涼の一語に尽きるナミブ砂漠の北の海岸近い一角で発見されたのは、今から百余年前の一八六〇年から一八六一年頃にかけてで、オーストリアの探検家 Freidrich Welwitsch と、南西アフリカの植物学者 William Baines が、前後してこの植物を見つけて、ロンドンのキューKew王立植物園へ、その報告やスケッチや標本や種子を送って来たのが、最初で、世界の植物学界を驚かしたのだった。その後この二人の発見者を記念して、二人の名前をとって、同植物園の園長のフッカーWilliam Hooker卿が、この植物をWelwitschia bainesiiと名付けることにした。

その後一世紀の間、この植物の存在はただ謎に包まれて、なかなか正体を解明出来なかった。その一つは、この植物はひじょうに奇怪な生態をもっていて、まず、植物探検家などが苦労して、辺地のこの自生地域を訪ねて、その植物を取っても、ソレを生かして持って帰ることが出来ない。移植、――つまり、採取、輸送、活着が絶対に出来ない。世界の植物を集めているのが自慢の英国王立植物園などでも、これだけは出来なかったし、自生地のナミブ砂漠にかなり近い南アフリカの、この種の植物の研究では世界的に権威のあるステレンボッシュ大学の植物学教室でも、この移植には何度も失敗して手を焼いた。近縁類似の植物が他にないし、繁殖機構は裸子植物に近いが、ひじょうに進化していて、ほとんど被子植物の域におり、それでいて、決して被子植物ではない、という奇怪な立場で、いわば、下等植物と高等植物の中間にあって、そのどちらでもない、といったぐあいで、たとえば、裸子植物ならばたいてい風媒花であるのに、この植物はほとんど昆虫によって花粉を媒助されているとか、それでいて結実の状態は、裸子植物に近いといったようなわけで、分類上の地位や学名も、今までにいろいろ変遷した。

移植も実生も困難

この植物の移植が困難なのは、この植物は砂漠に自生して、極端な乾燥に耐える体制をもっていながら、完全な多肉植物というのには、栄養や水分の貯蔵組織が足りない。その上、あとでくわしく述べるように、砂漠の乾いた砂の層に、十メートル以上も深い長い一本の直根をのばしているので、それを抜きあげるのが困難だし、抜きあげても、ちょっとでも根先が切れたり、乾いて枯れたりすると、この植物は蓄積エネルギーがないから、たちまち枯死してしまう。抜きあげて長途を輸送することなどは、思いもよらない。

種子から育てる実生《みしょう》はどうかというと、これまたひじょうに困難で、成功しにくい。種子の入手は、たいへん容易だとはいいにくいが、何とか自生地から手に入れられる。ところが、この植物独特の奇怪な生態と、色々まだ不明な理由によって、実生はいたく困難で、この植物が発見されて百年の歴史があるのに、この植物が実生から育って、何とか成木になっているのは、今の南アフリカのステレンボッシュ大学の付属植物園だけで、この栽培を手がけたのは、その植物園の栽培主任であるH・ヘレイ氏だ。世界的に知名な植物学者で、私の知人であるこのH・ヘレイ氏も、自生地の植物の移植の失敗で、さんざん手を焼いたあげく、やっと実生で、――ソレも数多い失敗を経験して、やっと二十年ほど前に成功したので、現在たしか三木ぐらいの成木が同園の栽培室で無事に育っているはずだ。

そのほか、北米カリフォルニア大学の植物学教室で、これも私の知人であるハチスン教授が、一本の実生苗を、かれこれ十年近く育てるのに成功しているのを見ている。

その頃、高槻の古曾部の、京都大学農学部付属植物園で、十数年ウマくこの植物を育てたが、この貴重な一本は、残念ながら枯れて今はない。現在は、東京農業大学の育種学研究所で、近藤典生博士の手元で栽培に成功しているときいているが、写真などで見るこの栽培方式で、今後何年標本が維持出来るか、やや疑問だ。とにかく、この植物はその奇怪な生態のゆえに、栽培はいたく厄介だ。

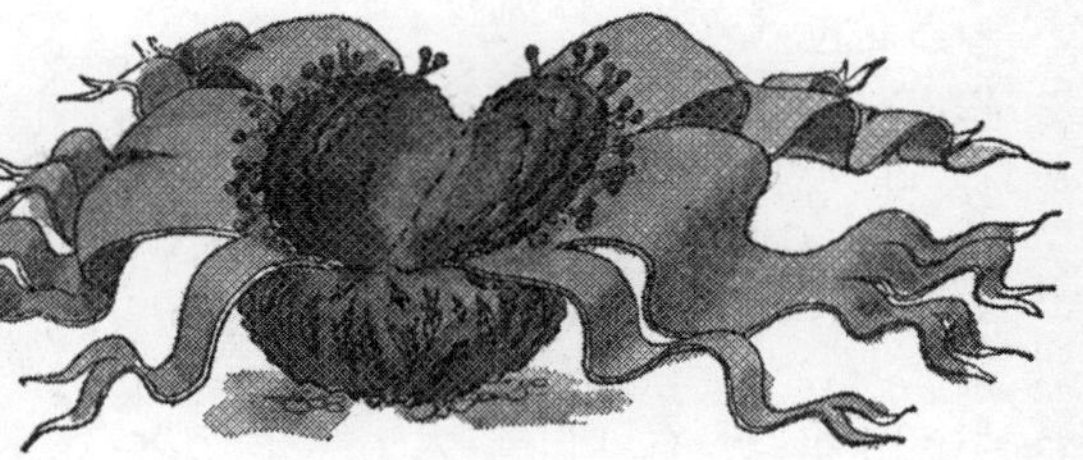

樹齢2000年の『奇想天外』（想像図）

ところで、この『奇想天外』という不思議な植物は、どんな植物か、ということになると、困ったことに、ちょっと説明がムズかしい。じつは最近は、植物専門の腕のいいカメラマンや、カメラの腕自慢の植物学者などが、航空路の開発で、アフリカ奥地の旅などが、いくらか容易になったのをきっかけに、はるばる僻遠《へきえん》のナミブ砂漠の自生地を訪ねて、カラー効果をねらって撮ったこの植物の写真を、時々持って帰るようになったが、じつに厄介なことに、この植物をわかり易く写真に撮影して、一目瞭然その様子を人に示すという意図は、ほとんど例外なく失敗に終っている。要するに、写真向きの植物ではないのと、その様子があまり植物ばなれしていて、複雑奇っ怪すぎるために、カメラの腕が及ばないのだ。そういう写真を見せられても、この植物はいったいどこがどうなっているのか、誰もが首をかしげるだけだ。

そこで、私もそういう写真をやめて、これならば大体そのものズバリだろうという、私が自分で描いたイラストで、おめにかけることにした。絵に自信はないが、筆の行き届かないところは、植物の面白さと奇怪さが、補ってくれるだろう。

大体しかしそれについて説明すると、こういうことになる。

奇怪な形態

この絵の植物は、大体二千年ぐらいの樹齢のもので、先端分裂して波打ってノタくっている葉の幅は、一・五メートル、長さは二メートルぐらい。その葉を、怪物が天井に向かって大きく口を開けているような、中心の塊茎の左右から、巨大なベルトかリボンのように、左右に大きくひらいている。この塊茎は、直径一・五メートルぐらいの、大きい独楽《こま》形か逆円錐形で、なかば地際に埋まっている。全身黄褐色から濃褐色のコルク質におおわれ、全面にカルメラが割れたような、深い複雑なヒビ割れがあって、古代の巨大な土甕《つちがめ》を思わせる。上部は皿のように平たく凹んで、中心線から二つに折れて、そこに、年々花を咲かせ実をつけた痕《あと》が、黒褐色に年輪のように遺《のこ》っている。葉はその両がわから、厚い革《かわ》ベルト状に張開して、幅広く長く反《そ》りかえってのびて、だんだんとこまかく裂けながら、うねりくねり波曲して地面にノた打ち廻り、先端の方は、長い年月風雨にさらされ、陽に焼けて、ズタズタになって枯れたり、ちぎれたりして、一見悽愴《せいそう》をきわめている。そこに二千年の歳月があるからだ。

しかし、植物全体の大部分の形態を占めるその巨大な二枚の葉は、さきにもいったように濃く白粉をおびた明るい空色で、銀色に光り、原住民が綽名《あだな》して呼ぶ『白い植物』の名にふさわしい。元来、雌雄異株の植物で、花は二つに折れて中凹みにひらいた茎頂の両端の下部に生じる花座から、枝を打った短い花梗を出して球状につき、ツヤツヤと冴えた赤褐色をしている。

この植物の何よりもの特徴は、その葉で、塊茎の両がわから張開して左右へのびる二枚の葉が、終世をとおしてただ二枚きりだ、ということだ。一体、あらゆる植物の葉は、生長点を持たないので、ただ一枚の葉が、際限なく年々生長する、などということはあり得ない。一定の形ちと大きさに育つと、それ以上の生長はとまって、きまった形ちになって終わる。

ところが『奇想天外』は、ベルト状の葉の基部に生長点があるので、そこから生長をはじめ、年々その生長をやめないで、ただ二枚の葉が伸びに伸びて、だんだんと、どこまでも幅広く且つ長くなる。五十年百年千年二千年と伸びに伸び続けるものだから、古い先端の方は歴史のかなたに枯れてちぎれて消えている、という寸法だ。

雨はきわめて滅多にしか降らない荒涼をきわめた砂漠で、絶えず吹き荒れる烈風と砂埃に押し揉まれ、風の向き向きにあちこちと、頭髪を乱すように飜《ひるが》えって、ズタズタに吹きちぎれてノタ打ち廻るので、嵐の日などはそばに寄ると、砂煙の中でその葉にからみつかれたり、横なぐりに足を払われたりして、恐ろしい怪物の虜《とりこ》にでもなるような錯覚を起して、恐怖に襲われたりするらしい。

こんな植物が、他にまたとあろうか。

根もまた奇異

『奇想天外』の自生地の植物の移植が出来ない原因の一つは、また根の構造や生理が、他と異っているせいでもある。

前にも述べたように、この植物の独楽形または逆円錐形をしている塊茎には、いくらか貯水組織がそなわっていて、乾燥に抵抗する仕組みになっているが、この、地際に半分埋もれて坐っている塊茎からは、最初かなり太い直根が一本出て、垂直に地中にはいり、だんだん細くなって、そのただ一本の繊維質の根が、十メートルもの乾いた砂の層をつらぬいて、地下の石灰質の岩盤にまで届いている。その岩盤にあたったところで、根は分岐しながら、岩盤の割れ目から奥へ進入して、不断にその下にたたえられたり、流れたりしている地下水にまで達して、そこから水を吸いあげる。

ナミブ砂漠は極度に雨の少ない、乾燥をきわめている地域で、とりわけ『奇想天外』が自生している海岸近くの平原は、ほとんど今は降雨量なく、わずかに海気の湿りがおとずれて、時折、霧が立ちこめるぐらいがせきのやま、といったところだから、十メートルの砂の層というのは、ほとんど乾いている。

もっとも、最初にこの植物が発見されたこの地域には、大きな古株が、ところどころにまばらに生えているだけで、あとから増えたらしい若木が、ほとんど見あたらないところから、この地帯は、昔はもっと降雨量があったのが、だんだん乾燥して不毛の土地となり、最初の頃から生えていた古株の植物だけが生き残っていて、あとから若木が生えない状態になったらしい、という風に解釈されるようになった。ここでも、地球はだんだん乾いて来ているわけだ。

もっとも、後になって、もう少し降雨量のある、湿気に恵まれた地帯に、決して少なくない相当数量のこの植物が繁殖して、藪になって茂っているのが発見された。甚だしいところでは、車で植物を踏みツブさないと、その地域を横切れないほどに、生え茂っているらしい。

それにしても、普段、乾いた砂の層は厚く、根はその層を貫通して、地下の岩盤の地下水のところまではいり込まないと、この植物は生存出来ない。要するに、土地も空気も乾燥をきわめている世界で、この長大な繊維質の根は、ポンプのように地下水を地上に吸いあげて、それで辛うじて生きている、というわけだ。

この植物の種子は、種皮に軽い半透明の、比較的大きい白い翼を持っていて、カサカサと乾いて軽いので、風で容易に吹き散って、そこらへ飛んでひろがる仕組みになっている。地面に落ちた種子は、雨期に雨が降って濡れると発芽して、素早く根を出して、生き生きした毛根を先端にもったたった一本の根を、湿った砂の中に垂直に伸ばしてゆく。この根の伸長の素早さは、これまた異常で、発芽してまだ三、四日、わずかに子葉がひらいただけで、まだまだ本葉の出る気配もないうちに、もう一メートル近くも、根先が伸びている始末だ。

自生地では、雨期は春から夏へかけての温暖な季節で、短い期間にごく少量降るだけだから、雨で濡れた地面は、表面からすぐに乾きはじめ、水を含んだ湿った砂の層は、若干の厚みをもって、重力の法則に従って、だんだんと地下の深いところへ、沈下してゆく。この植物の根の、先端の水々しい毛根の部分は、その湿った砂の層に先端を入れ、この湿りが重力によってだんだん下へ沈下してゆくのに、正確に根の伸長の速度を合わせて伸びて、やがて、遂に、底の岩盤にまで達してしまう。繊維質の古い根の部分は、強い乾燥にも耐えられるが、先端の毛根の部分はきわめて脆《もろ》くて、一旦乾いたらおしまいで、直ちに植物は枯れてしまう。その毛根は、地下で堅い岩盤に触れると、そこで分岐して、枝わかれして、更にそれぞれ伸びてゆくという性質をもっている。だから、ここまで根が伸びれば、岩盤の下には不断に豊富な地下水の湿りがあるので、もうしめたもので、植物は必要なだけの水を、絶えずそこから吸いあげることが出来、安全に生長を続けられることになる。

このようなデリケートな根の生理のゆえに、自生地で育った植物を抜きあげて移植することは、ほとんど不可能であり、実生《みしょう》もまた、この辺の機微を心得ないと、いたく困難となる、というわけだ。

体操をしながら育つ葉

『奇想天外』を実生して、細いリボン状にひらいた子葉の間から、やはり狭いリボン状の二枚の本葉が、だんだん伸びてゆくのを観察していると、また、奇異なことが起きているのに気付いて、驚く。

この二枚の本葉は、子葉と同様、この植物の葉の特色である、白粉を帯びた明るい空色で、たいへん美しいが、子葉と九十度回転して十字形に張開して出るこの本葉は、最初の一年間に、七、八センチから十センチの長さに伸び、そして、伸びながら、おかしな動きをはじめる。たとえば、朝のうちは二枚の葉が、重なるようにして左の方へ、一方に傾《かし》いでいるのに、午後はだんだんと、二枚とも合掌し合うように垂直に立ちあがって来て、夜になる頃には反対にそのまま右の方へ倒れて来る。垂直になった時には、二枚の葉が左右に張開して、二枚の子葉とちょうど十字形になるような場合もある。陽射や温度のぐあいで、この運動をとめているような場合もあるが、たいていは、朝昼晩で、この二枚の葉の傾いでいる向きが、そのたびに変っていることが多い。

こういう葉の運動が、どういう目的で行われるかは不明だが、あるいは地中で、根が幾らか旋回気味に伸びる時に、根から吸いあげた水が、葉の基部の細胞の水圧を規則的に変化させて、こんな奇異な運動を起こすのではないか、と思われる。もっとも、こういう運動は、実生一、二年の間の幼植物に限られ、何かの都合で、こんな運動をまったく見せない植物も、時にはある。

計画的な実生の栽培に成功

この植物の種子が日本にはじめて来たのは、たしか昭和八、九年頃で、シャボテン愛好家の数氏が実生を試み、結局すべて失敗に終った。ちょっとした手違いで、私はその種子を手に入れることが出来なかったが、その時の実生の一本が、たぶんその頃高槻の古曾部の京都大学付属植物園の栽培主任だった玉利幸次郎氏の手で、ウマく育てられて、ほとんど「偶然」のように、その標本が維持され、やがて枯れたことは、前にも書いた。

終戦後、昭和二十三、四年頃、天皇さまのお手元に、南アフリカのケープタウンから、日本のある商社の手で、少量の種子が贈られて来た。その種子を、皇居内の御科学研究所と、その頃まだ皇室の御料だった新宿御苑の植物園と、小石川の、東京大学理学部付属植物園と私のところで分けて、それぞれ実生が試みられ、この場合もことごとく失敗に終った。

この実生の失敗の経過の中で、私はあるヒントを得たので、残りの種子が多少でもあったら、もう一度分けてもらいたいと、新宿御苑に連絡したら、種子の標本としてガラス瓶の中に保存してあったものの中から、二粒だけ特別に分けてもらったので、早速それを播いた。これは残念ながら、二粒とも発芽せずじまいだった。

いったい『奇想天外』の種子は、種皮がひじょうに脆《もろ》くこわれやすいので、播く前に注意してよく調べて、完全な種子を選ばないと、発芽率三十パーセントぐらいに終ってしまう、という傾向がある。またこれらの種子は、自生地で採取される前に、すでにある種の黒カビに犯されていて、この黒カビに犯された種子は、ほとんど例外なく、発芽の経過中に腐って枯死してしまうらしい。

最初に日本に届いた種子は、石田英夫、石田謙六両氏が経営する九州のシャボテン園芸商石田商会が、たしか南西アフリカ・ナミブの有名な園芸家トリーブネル氏から、入手したはずのもので、このトリーブネル氏と戦後私はその後数回連絡してみたが、すでに戦中に同園は廃園となり、やがてトリーブネル氏自身も物故して、そのまま連絡も途絶えてしまった。アフリカ砂漠の全域にわたって、色々特産の植物をコレクションして、国際的な取引きをして、膨大な規模を誇っていた同園は、その後どうなってしまったのか。

比較的最近に、植物採取の探検旅行を試みたケープタウンのステレンボッシュ大学のホール教授が、その旅行記を発表して、たまたまその旅行団が、南西アフリカ・ナミブのトリーブネル園の近くの曠野にさしかかった時、トリーブネル氏の遺児のムスコ君が、羊飼いになって、羊群をひきいているのに出会ったという記事を書いている。

面白いのは、この旅行記の中で、植物探検隊の一行が、そこらの砂漠で、ザクロソウ科のメセン類の、リトープス属の『露美玉《つゆびぎょく》』Lithops turbiniformis を一本発見して、「やア、『露美玉』があったゾ!」と、みんなで大騒ぎしている場面が書いてある。この『露美玉』は、日本の信州辺では、この種の植物の栽培に、気候がひじょうに適しているのと、もう一つ、栽培技術がウマいために、むやみやたらと増えて、増えすぎてしまい、さき頃、某園の主人公が訪ねて来た時、持てあましたそれらの『露美玉』のたぐいを、ピクルスか砂糖漬けにして、缶詰にでもして売り出したらどうだろうかと、ボヤいているのを聞いた。

原産地の南アフリカでは、探検隊の植物学者諸君が、砂漠でたった一本見つけて騒いでいるほど、これらの植物は少なく、珍らしく、貴重なのだ。

砂漠植物は、決して砂漠が好きで生きているのじゃない、もっと条件のよい環境を与えれば、もっとずっと状態よく育つはずだ、という説が一部にある。短時日の間のことをいうならば、そういうこともあろう。しかし、自然は悠久なのだ。人間一代の経験などは夢のようにはかないもので、もののかずではない。五十年、百年、千年の後に、今信州で育っているアフリカの植物が、どういうことになっているかは、その時でないとわからない。しかし、南アフリカの荒涼たる砂漠では、今までがそうであるように、これからも同じように、一見枯れ枯れにそれらの植物を育て続け、荒涼たる景観の中にそれらの植物を一点景としてちりばめながら、その荒涼さを続けるだろう。植物を育てる人間の技術が、自然のそれよりすぐれている、などと考えるのは、早飲みこみすぎる。

その後、原産地近くの南アフリカや、ドイツ辺の園芸商が、何とか苦心して、『奇想天外』の種子を手に入れて、多少ずつ送って来るようになった。それを、今まで色々失敗した経験のヒントから学んだ技術で、実生をして、十数年来、私はきわめて計画的に、確実に、この植物を育てることに成功して、すでに二十数本の標本を、じつは世界に秘密に、手元に持っている。この植物が成木になって、花を咲かせるのは、実生後十五年といわれている。私の植物が完成標本となって、花を咲かせるのも、目前だろう。私の庭先の温室に、世界の名所が出来るのを、今から心楽しみに待っているわけだ。

大自然の建築設計

『弁慶柱』と『巒岳』とギリシア神殿

北米アリゾナ州の州花が『弁慶柱』という特別なシャボテンであることは、ご存知の向きもあろう。

学名 Carnegiea gigantea、土地での愛称はサワロ Saguaro、日本では古くから『弁慶柱』で呼ばれている。ディズニーの映画『砂漠は生きている』で、ネコが追いあげられて落ちたので有名になった巨大な柱状シャボテンだが、まるで、ギリシア神殿のコリント式やイオニア式の壮麗な彫刻の円柱と見まがうような、壮大な円柱状をして、アリゾナの蒼い空に聳《そび》えている。古い木になると、何本も枝を打って、十メートル以上も高い巨大な燭台状に茂って、数十トンの重さになる。西部劇の舞台には、欠かせない背景として有名な植物であることも、ご存知の通り。

分布はアリゾナ州を中心として、隣接の州にも及んでいる。その自生地の中心ともいえるツーサンは、古い西部劇で見ると、鍛冶屋《かじや》のトム親爺《おやじ》が、馬糞だらけの道路ばたで、蹄鉄を真っ赤に焼いて、ハンマーで叩いていたり、飲んだくれのベル爺《じじ》いが店先で、長い五角形の棺桶をつくっていたりする前を、もうもうと埃《ほこり》を蹴立てて、鞭音とはしゃいだかけ声をかけながら、カウボウイの群れが、あっという間に駆け抜けて行ったりしている百姓町だったが、今はアリゾナ州を代表する人口三十万の堂々たる大都市で、砂漠の中に近代建築を聳やかしている。

弁慶柱が林立している Saguaro National Monument 公園に登って、弁慶柱が自生している状態を見ると、この巨大な柱状シャボテンの大群は、遠くからはたいへん群らがって生えているが、近寄ると、案外一本々々は離れていて、大木の根元に小株の弁慶柱が、ぎっしりたてこんで可愛いらしく育っているような光景は、めったに見られない。一本の親株の弁慶柱と弁慶柱の間の距離は、結構遠く離れているのだ。

この植物は、夏になると、その壮大な枝の頭ごとに、無数にツボミをつけ、一面に白い花をひらいて、一花ごとに果実をつけ、それぞれ無数の種子をみのらせて、そこらじゅういっぱいその種子をまきちらすわけだが、私たちがその種子を取り寄せて、ちゃんとした手順でそれを鉢にまいて発芽させせると、百発百中発芽して、可愛いらしい弁慶柱の幼苗となり、百発百中それは子苗に育って来る。種子の発芽も子苗の育ちも、何の面倒もなくちゃんと行くのだ。ところが、自生地の弁慶柱の古い株が、そういう子苗で足の踏み場もないほどおおわれたり、手頃の大きさの若木が、到るところでスクスク育っている、というような光景をいっこう見られないというのは、いったいどうしたことなのだろう。アリゾナ州では弁慶柱が州花であるせいもあるが、それが減少したり絶滅したりしないように、州内でのこの植物の採取移出を厳重に禁止しているところを見ても、弁慶柱はこの自生地の林で、さっぱり増えていないことがわかる。

もっとも、私たちがこの子苗を実生《みしょう》から育てる場合にも、解《げ》せないことがある。それは、この百発百中発芽して、百発百中育った幼苗は、三、四年たって、鉢いっぱいにぎっしり押しあいへし合いするようになると、その頃から、その苗はいたく育ちがわるくなり、見栄えのする手頃な大きさの若木に育つなどということは、めったにない。ヘンにだんだんと育ちこじれて、いじけて、生長をとめ、衰弱して、見るかげもない状態になって、遂に一本残らず枯れてしまう。誰もがこの植物を実生から手がけて育てようとして、結局失敗に終わらないことはない。

このことは、自生地でも同じように、種子から子苗が育って、古い親株の間を、ぎっしり若木で埋めるようなことが行われていないのと、何か同じ原因があるのではないか、と疑いをかける理由が、充分にある。

砂漠では、涸《か》れ谷の傾斜に沿って、ところどころに乏しい疎林や叢《くさむら》をつくっている、マメ科だのケシ科だの、色々な科属の植物で、これに似た特別な性質を持っているのが、少なくない。

これら極度に水の乏しいその地域では、同じような根のはびこりかたをする同種の植物が、すぐ近くに隣接して生えて、同士や肉親(?)が乏しい水の奪い合いをして共だおれになったりしないように、互いに縄張りを決めて、わざと孤立した位置を占め合って生きている、というような場合が、少なくない。こういう、縄張りを制限して植物を分布させる機構の秘密には、いろいろあって、たとえば、その植物の幹から特殊な物質を出して、雨水といっしょに流れて、地表の一定の範囲にひろがると、その物質には、同じ植物の種子の発芽や苗の生育を抑制する作用があるために、いくらその辺にたくさん種子が散らばって落ちても、また温度や湿《しめ》り気など気象の条件が、その種子の発芽や苗の生育に適しても、そこでその植物が繁殖することが出来ない、といったようなのや、あるいは、種子の種皮がひじょうに堅固で、そのままでは水を吸収して発芽することが出来ない。雨期が来て、豪雨が砂漠を襲って、涸れ谷は一時的に水に押し流され、傾斜に沿って、濁流が轟々《ごうごう》と石や土砂を捲きこんで流れる。種皮の堅固なそれらの種子は、激しい水の流れの中で、石や土砂に押し揉まれて砕け、ちょうど、水を吸って発芽するのに最も適当なていどの破壊を受けたところでとまると、ウマく発芽して、そこに根をおろす。こういうのは、その傾斜の涸れ谷に沿った一定の距離ごとに、三十メートルあるいは四十五メートルおきという風に、規則的な間隔を置いて植物を茂らせるので、それよりも近い距離では、種子の壊《こわ》れかたが足りないし、それよりも遠くへ流されると、種子は壊れ過ぎて、これまた発芽しない。植物は規則的な距離をおいて茂るほかないわけだ。

こういうのは、シャボテンにもあるらしい。大竜冠 Echinocactus polycephalus は、サンゴ色の強剛なトゲで堅固な球体を飾って、何頭もの低い株立ちに育つ、ひひじょうに生長の遅い豪壮なシャボテンだが、その種は曲玉型をしてたいへん大粒で、じょうヤツヤした種皮がひどく堅い。この種子をそのまま播《ま》くと、ほとんど百パーセント近く発芽しないが、種子をヤスリなどで削って傷付けて、胚子の一部を露出させてから播くと、三、四十パーセントから五十パーセントぐらいは発芽する。

このシャボテンもカリフォルニア砂漠の涸れ谷のゴロタ石だらけの傾斜に、かなり規則的な距離をおいて、それぞれ孤独に生えている。

この種のシャボテンは、果実が甘酸《あまず》っぱく芳香をもっている場合が多く、好んで野鳥がついばむので、あるいは種皮の堅いその種子は、一たん野鳥の腹に収まって、そこで必要なだけの破壊を受けて、ということも考えられるが、これに近似の他の色んな強刺属のシャボテンの場合は、かくべつ種皮にそんな仕組みがなくて、そのまま播いてもよく発芽して苗が育つところを見ると、やはり大竜冠は、ちょっと特殊な発芽の機構を持っていると思われる。

さて弁慶柱だが、この植物はきわめて長大な直根を、地中にひじょうに深くはびこらせて、それによって、燭台型に壮大に枝を茂らせた太い重い樹幹を、地面に直角にささえているわけだが、このように根が深いと、もしもこの植物が、縄張り争いを避けるために、樹皮などから特殊な物質を出して、雨水といっしょに地面に流しても、その物質の毒素によって、自分の根が痛めつけられるようなオソレは、まずないと見てよかろう。一定の範囲、地表近くにだけひろがってしみたその毒素のために、弁慶柱の種子は、親木のお膝元では発芽もしなければ生長も出来ない。——と解すると、縄張り争いを避けるためのこの植物の分布の機構の謎が、解けることになる。

どちらを模倣したか

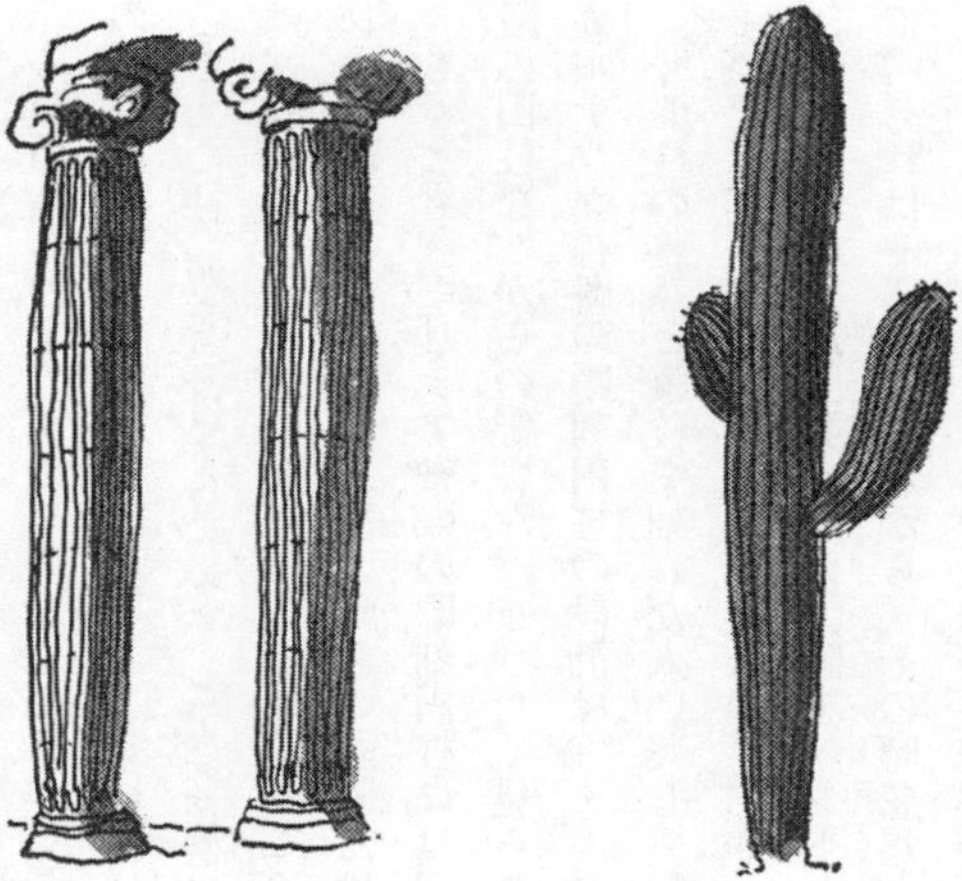

ギリシア神殿の円柱（左）と弁慶柱（右）

弁慶柱の壮大な幹《みき》に整然と刻まれた稜は、ギリシア神殿のコリント式やイオニア式円柱に、まったく負けない美しさをもって、人眼を驚かせるが、驚かされるのは、見かけの形ちの美しさよりも、余計な質量を出来るだけ削って、極端に素材を倹約しながら、全体の重量を持ちこたえ、砂漠をしばしば襲う狂暴な風や嵐にもちゃんと耐えて、壮大な樹冠を見事にささえている力学のメカニズムの精密な計算についてだ。

自然の中には、余計なものも足りないものもない。自然の法則に従って、余計なものは削り取られるし、不足なものは抹殺されて、存在から消し去られている。こののっぴきならなさこそが、近代の美とつながるのだ。

この巧妙な力学のメカニズムを、そっくり模倣したかに見える、ギリシア神殿のあの彫刻円柱、——贅肉を削り取るように縦に稜を刻んで質量を減らし、屋根の重みをささえた柱頭《キャピタル》を受けて立って、どんな嵐にもビクともしないで立ち並んでいる壮観は、設計者と工作者の腕前を、あますところなく物語っているが、それにしても、あれは、何ものをも模倣しない天才の頭脳だけの仕事だろうか。

もっとも、ギリシア神殿の彫刻円柱には、古代エジプトの、たとえばカルナック神殿の円柱などからの影響が、まったく見られないのではないらしい。とすれば、そのカルナック神殿の彫刻円柱の設計は、まったく人間の創案によるのか、どうか。

弁慶柱の整然と縦稜を刻んだ太い美しい幹は、こういう場合の手本となるのには、まったく打ってつけで申しぶんない。しかし、残念ながら、その頃アメリカ大陸は、この世になかった。アメリカ大陸をインドと感ちがいして発見したのは、コロムブスで、それは一四九二年だから、その時忽焉《こつえん》とアメリカがこの世に出現したわけだ。もっとも、はじめてシャボテンという奇異な植物を西インド諸島の海岸で見つけて、珍らしいおミヤゲとしてヨーロッパへ持って帰ったのは、第二次アメリカ探検の帰りだから、それよりちょっとまた後になる。それにしても、古代エジプトや古代ギリシアの神殿づくりの工人が、新大陸の特産物であるシャボテンの弁慶柱をお手本として、それを模倣して、あの彫刻円柱を思いつくにしては、時代がズレ過ぎている。

そこへ行くと、ギリシアとは地中海を隔て、エジプトとは地続きにある熱帯アフリカ、エリトリアやエチオピア、または眼と鼻の南アラビアに、トウダイグサ科の植物で、弁慶柱に劣らない壮大な柱状に育つユーフォルビア属の、色々な植物があって、熱帯の砂漠や砂漠性ジャングルに、しばしば密林をなして茂っている。これらは、最も少ない質量で最も強剛な柱状建造物をつくるという力学のメカニズムを応用して、柱の側面を深く刳《えぐ》って縦稜《きぎ》を刻み、のっぴきならぬ必要は最高の美をつくるという近代美学を、巧みに演出して、精巧をきわめている。弁慶柱の場合の縦稜は、幹《みき》の長さに沿って素直な直線を描いているが、ユーフォルビア属の場合は、茎の頂部に、雨期の生長期にはたいてい闊葉をつけるのと、しばしばジャングルに密林をなして茂っているので、葉陰にあって、太陽光線を受け取る面をなるべく広げるために、縦稜の刻みを螺旋廻させたり、稜角を屈曲させて波打たせたりして、色々複雑に変化させて、また独特な美を演出している場合が少なくない。

神殿の円柱の場合は、植物でないからその必要がないので、円柱の刻みはただ質量を削るためと美観のために、弁慶柱のようなただ素直な縦稜であっていいわけだ。

この種の柱状ユーフォルビアのうち、最も美しいので有名な『巒岳《らんがく》』は、エチオピアの熱帯ジャングルを自生地としているので、学名もそれからとって、Euphorbia abyssinica としてある。アビシニアというのはエチオピアの古名で、いくらか賤称となるので、エチオピアではその名を避けているといわれる。

もっとも、『巒岳』がエチオピアのどこにもかしこにも、やたらむしょうに生えている植物でないことは、アジスアベバのハイレ・セラシエの王宮の後庭の丘に、たった一本大事そうに植えてあるのを見てもわかる。

エジプトとエチオピアは、国境の距離が千キロ以上も離れていて、その間は高峻な山続きで、おおかた熱帯のジャングルにおおわれているが、青ナイルと紅海による水路の便があり、現在のエチオピア王室は、遠く、賢王のほまれ高かったソロモン王の王妃シバの女王の末裔《まつえい》だという伝説などもあって、古代から、何かと歴史のつながりがあったと思われるフシがある。誰の眼にもきわだって美しい造型と感じとれる『巒岳』などのような植物が、古代エジプトや古代ギリシアの神殿造りの工人の天才たちに、どんなイメージとひらめきを与えたか、想像に難くない。

それはとにかく、大自然の建築設計の卓抜さには、まだ遠く人間のソレが及ばないのは、これらのことでわかる。と同時に、人間は自然を法とし、自然を手本として生きながら、それだけでは済まされない、地球上に現れた新規な、特別の生きものであることも、否定出来ない。人間による新しい歴史はこれからはじまるのだ。

何が次ぎの世に遺るか

東アフリカの草原砂漠を走りまわっているライオンをつかまえるのには、大きな篩《ふるい》をつくってそれでそこらをしゃくって、中の砂をふるい落として、あとに残ったライオンをつかまえる、というのは笑い話だが、いったいこのライオンは、死んだらこの世に何を遺《のこ》すか、というと、何も残らない。残骸の骨や皮は陽に焼かれて砂漠の嵐にさらされて、いずれ腐って解体して土に帰してしまう。トラは死して皮を残すというが、このトラの皮も、人間が滅びる時には、いっしょに滅びてしまう運命にある。

どんな動物でも、その他の生きものでも、生きている間モノを食べ、排泄物を出して、死んで行ったあとは、何も残らない。排泄物が多少土を肥やすぐらいのことで、もとの木阿弥《もくあみ》に帰ってしまう。幾つかの例外があれば、たとえば古世代の石灰岩が、紡錘虫やサンゴ虫の石灰質の骨格や殻で成り立っているとか、貝が化石を遺《のこ》すとかといったていど、あるいは、石炭や石油が、古い植物や動物が、昔栄えて滅びたなごり、として遺っている、といったぐらいで、その生存の痕跡が、地球の歴史に何かをプラスして行った、というような形跡は、ほとんどない。

ところが、ナイル河のほとり、エジプトのギザのピラミッドは、古代エジプトの遺跡であるばかりでなく、人類の遺跡であって、この頃流行の宇宙SFのオカしな宇宙人たちが、地球を征服して、人類が滅びるようなことがあっても、あのギザのピラミッドは、あのまま遺って、人間のある時代のいとなみを、永遠にものがたることになろう。

人間は、——この地上に新しく現れた不思議な生きものは、じつは、動物やその他の生物とちがって、その一人でもが、この世に生きて、たれて、死んだあと、何ものも遺《のこ》さない、ということはない。どこかの陋巷《ろうこう》の、どんな身寄りのない貧しい老人でも、生きて働いて何かをしたその痕跡は、なにかの部分となって、必ず残っているはずだし、裸で生きて死んだわけではないから、誰かがその形見《かたみ》分《わ》けの恩恵を受けるだろうぐらいの、ささやかな遺品を残すだろう。

こういえばわかる通り、人間は一人々々、生きている間に、地球に何かのプラスを残してゆく、ごく例外な生きものなのだ。どこかの国で、イナゴの大量発生で、広大な耕地の作物が残らず食い尽されたあと、イナゴが死に絶えると、何も残らない。荒れ果てた曠野《こうや》がひろがるだけだ、というようなのとは、ちがう。

人間は、子供がたくさん生まれ過ぎて、親を食いツブしたあとも、その一人々々が生きて、何かをして、遺産を残すのだ。つまり、人間は生きている間に、地球に何かをプラスして死ぬ。ニューヨークの摩天楼街は、人類が生まれなかった前の地球には、なかった存在で、この存在は、人類が滅びたあとにも、有孔虫やサンゴ虫の残骸がつくった石灰岩のように、永遠に地球の上に遺るだろう。人間の一人々々が生きて、この世にマイナスを遺して死ぬ、などということは、考えられない。

人間とは、そういう存在なのだ。

人間は、自然の中に生まれ、自然と調和して生きながら、ぜんぜん不自然な、あるいは反自然でさえあることをもしでかしたりする奇怪な生きものだ、ということを、もっと広義に解釈すると、どのみち自然の中の一点景にすぎない人間がしでかす「不自然」や「反自然」とても大きな眼で見ると、「自然」に過ぎない。孫悟空がどんなにせいいっぱいアバれ廻っても、ホトケさまの掌《てのひら》の中の遊びに過ぎない、というのと似ているわけだ。

結局、人間とても、自然からハミ出すわけにいかないし、自然の法則というのは常に不変で、ここに「神」の意志の片鱗をうかがえる、とでもいえるのだが、人間と他の生きものとの相異は、他の生きものはただ自然の法則の中で、それに従って生きるだけだが、人間は自然の法則を発見して、それを組み立てて、新しい「自然」を創造することが出来る。たとえば、原子力を発見して、それを生きることに応用する、といったようなのも、その一つだ。

神サマは全知全能だから、何ごとも思うままに出来る。神サマの芝居は、自分が創《つく》った筋書を自分で演出するのだから、思うままに作った舞台に、思うままの主人公を登場させて、万事筋書の通りに、思うままものごとを運ばせて、思うままの結末に持って行くことが出来る。この退屈な芝居にすっかり飽き飽きした時、神サマは最後に人間を、自分に半分ぐらい似せてお創りになって、今度は筋書を書かずに、人生を自由に歩かせてみることにした、——といったあんばいに、人間はつくられているような気がするのだが。だから、この劇では、主人公は舞台をつくりかえることも出来る。人間にとっての「自然」は、そういったものだ。人間が「自然」に、最高のお手本を発見するのは、そこに「神」の力倆を認めるからだ。と同時に、自分の腕前に酔うことが出来るのも、そこに「神」の、つまり「自然」の力倆を認めるからだ。

それにしても、『弁慶柱』も『巒岳』も、一方はアリゾナの曠野に、一方は熱帯アフリカのジャングルに、堂々と聳《そび》え立って、今も見事に繁茂を続けているのに、人間のいとなみであるエジプトやギリシアの神殿は、礎《いしずえ》は崩れ屋根は落ちて、欠け残った円柱だけが立ちならび、ただ茫々と遠い興亡の歴史のあとを、杖を曳いてたたずむ旅人に、物語っているに過ぎないというのは、どういうことだろう。

この世で、本当に残るものは、何か？

人間のいとなみだから急いで滅び、自然のいとなみだから長く、悠久に遺《のこ》るのか。

そうじゃない。

ツタン・カーメンもクレオパトラも、アレキサンダーもシーザーも、そのきらびやかな生涯は、ただ権力と富の座に立ちはだかって、天下に号令した虚像に過ぎなかった。号令されたがわのいとなみであるオリーブ畑や、綿畑や麦畑は、ますますひろく耕《たがや》され、生き生きと生産を続け、乳を出す家畜や卵を産《う》む鶏は、頭数《あたまかず》も増え、質も改良されて、人生をゆたかにしている。黄金《きん》の椅子に坐って高いところから号令した権力者たちは、今、どこへ行った？

外国の話ばかりじゃない。たとえば、信長も秀吉も家康も、これに仕えた英雄豪傑の諸君も、今、──どこへ行った？　その時は権力の象徴だった豪壮な城も、今は苔蒸して崩れかけた石垣にツタ、カズラが匐《は》い、ただ昔の面影を忍ぶばかり。観光客集めに復元されたイミテーションの新しい城の一角で、絵端書売りの店が、もの珍らしげに人の輪に囲まれているぐらいが、せきのやまだ。

歴史のページをほとんど一人占めしている、こういう英雄豪傑の「偉業」とは、ただ収穫《みいり》のいい田畑の奪い合いに命をかけ、「利益」の上に立つ「権力」を手に入れるために、あらゆる貪婪《どんらん》と残虐をほしいままにして、「人」を殺戮《さつりく》した。その血に塗れた手で城を築いて、権力の座を築いた。こういう野郎どものしわざを、歴史は「偉業」とたたえるのだ。この「偉業」のなれの果ての、今となってのムナしさは、どうだ？

それに反して、奪い合いの対象となった田や畑は、無名の百姓の手で黙々と耕し継がれ、それが続けられて、ますますひろく、ますますみのりよく改良されて、今日《こんにち》に伝えられ、ゆたかに作物が茂って生きている。滅びるものは何で、遺《のこ》るものは何か？

畢竟《ひっきょう》、悠久なのは「自然」と、その「自然」に密着し、「自然」をお手本として生きる人間のいとなみだ。人間は「自然」を人間なりに変えることが出来ても、たぶん、「自然」を訂正することは出来まい。正しいものは訂正しようがないからだ。たとえば、原子力は自然を訂正したのじゃない。「自然」の中に秘められた法則を組みなおして、それを新しいエネルギーとしただけのことなのだ。人間にとっての「自然」は、ただの「自然」よりも間口は広いし、奥行きも深い。

砂漠の救世主

シャボテンの人生効用

植物改良家のバーバンクが、家畜の飼料にするために、トゲだらけのウチワシャボテンから、トゲを取りのぞく研究をして、遂にそれに成功したというのは、有名な話だ。

ウチワシャボテンのトゲというのは、ちょっと特別で、トゲの一番鋭い尖端のところに、顕微鏡的な逆鉤《ぎやくばり》がついていて、ささると簡単には抜けない仕組みになっている。肌などにささったのを抜こうとすると、その逆鉤《ぎやくばり》が引っかかって、皮膚までつりあがって来て、深刻に痛い。それればかりではない。このトゲの根元の刺座《アレオーレ》のところには、芒刺《グロチード》という、ゴワゴワしたビロードのような、これもまた逆鉤を持っている、ごく微細なトゲが、束になって生えていて、この部分に触れると、このビロードのような微細なトゲが、一面に皮膚に植えつけられ、一々毛抜きでも使って抜かないと取れないような、ひどい目に遭う。ガラパゴス島の有名なあの陸亀が、この芒刺だらけのウチワシャボテンの実を、口いっぱい頬張って平気で食べている偉観には驚くが、あれはいったいどうなっているのだろう。

この厄介なトゲを、バーバンクは、遺伝を利用した品種改良で、残らず取り去ろうという、遠大な計画をして、それに成功したわけだ。

砂漠とか、半砂漠とか、砂漠性の草原などのような、降雨が少なく、従って水がなく、乾燥した地域は、ふつうの畑などにして、作物をつくることは出来ないが、元来砂漠植物であるシャボテンは、こんなところに結構生え茂る性質をもっている。特殊な体制をもっていて、水の乏しい土と、乾燥した気象の中でも、根から水を吸って、それをからだに貯えておく一種肥大した体組織をもっており、単に水ばかりでなく、相当の栄養をも、この組織の中に貯めておくから、こういう乾燥した地域で家畜の飼料にでも応用出来たら、申しぶんない。

そういう着想から、この品種改良を思い立ったわけだ。

バーバンクがトゲなしに改良したウチワシャボテンは数種あって、それらを引っくるめて、バーバンク・ウチワシャボテンと呼んでいる。ウチワシャボテンのおしゃもじのような肉厚の葉は、あれは葉ではなくって、一応葉の代用をしている枝や茎にあたるもので、枝はふつうの植物の葉のように、一種の落葉性で、これは二、三年ごとに枯れて落ちて新葉（?）と交代するが、茎の方は永久性で、これが樹冠を形成する基幹になる。多少その場その場の都合で、地位を交代することがあるらしいが、茎にあたるほうが永い寿命があるのにくらべて、枝の方はずっと寿命が短い。

ウチワシャボテンの茎節は、よくシャボテン同士の接ぎ木の台木に使われるが、似ているので間違えて、落葉性の枝の方を台木に使うと、よく接《つ》がっていても、二、三年すると、何の原因もなしに、台木の方が自然と腐って枯れてしまって、失敗する。しかし、これは自然の理屈なのだ。

バーバンクがウチワシャボテンを改良してトゲなしにしたその改良の方法というのは、なるべく同種かそれに近いたくさんのウチワシャボテンのうちから、出来るだけトゲの弱い、あるいはトゲの少ない個性のものを選び出して、そういう個性のもの同士を人工交雑して、その性質を遺伝的に固定させ、更に今度は、そういうもの同士をまた交雑させて、もっとその個性の強いものをつくる、という風にして、数種類のトゲなしシャボテンをつくり出した、というわけだ。

自然にはない植物を、人間が自然に干渉して、人工的に新しい植物をつくるのだから、これは人間の手が自然を変えてゆく実例の一つで、また、自然にただ素直に従って生きるということだけが、必ずしも人間の生きかたではない、ということの証拠だ。

こうして出来たトゲなしウチワシャボテンは、九六パーセント近くの水分と、そのほかに、多少の澱粉質や糖分や、蛋白質や塩分や石灰分を含んでいるので、これを食わせることによって、水もなければ牧草などにも乏しい砂漠での、家畜類のノドの乾きや飢えを、同時に解決してくれる重宝《ちょうほう》な飼料になる。

ウチワシャボテンの茎節は、かなりトゲだらけの種類でも、最初の若芽のうちは、トゲも発達していないし、肉も柔らかなので、結構人間の食料にもなる。メキシコでは、八百屋さんの店先に、籠の中などにうず高く積まれて、野菜の一種として立派に売られている。野菜としても、二束三文《にそくさんもん》の下等な野菜としてではなく、やや高級なものとして扱われている。ウチワシャボテンには千三百種もの種類があって、いろいろ形ちもちがうし、食べると味もちがうから、食用とするのには、風味のいいのが選ばれているわけで、じっさいに利用されているのは、そのうちほんのわずかの種類だ。験《ため》してみると、そこらにありふれている『金武扇』などでも、トゲは凄《すさま》じいが、ごく若い茎節はトゲを処理しやすいし、結構食べられる。風味や歯ぎれのぐあいは、白瓜や青瓜のような瓜類によく似ている。ナマのまま刻《きざ》んで三杯酢などにすると、オクラやジュンサイのようにヌラヌラして、歯ぎれはいいが、ちょっと青臭《くさ》い。ゆでると臭《くさ》みもすっかりとれて、色んな野菜料理の材料に加えると、立派に利用出来る。一度塩漬けしてから、ニンニクの風味などを加えて酢漬けにすると、結構なピクルスになる。

ウチワシャボテンの果実の中には、赤ん坊の握りこぶしぐらいの大きさに育つのがあって、熟すると赤インクに漬けたように、真っ紅になり、リンゴのような香りをただよわせて、たいへん甘くなる。いくらか酸味をおびたこの甘い果実は、メキシコや中央アメリカやその他で、イチジクのかわりに食用され、立派な果物《くだもの》として扱われている。トゲ梨《なし》とかホッテントットのイチジクなどと呼ばれて、愛好者が多い。しかし、もの凄い真っ紅な色彩が執拗についてまわって、あまりこれを食べると、口から食道から胃から腸から肛門まで真っ紅に染まり、紅い小便が出たり、汗まで赤くなるという。それで、昔この地方を歩いた旅行者などが、土族たちのマネをして盛んにこれを食べて紅くなって、死ぬほど驚いたというエピソードがあるほどだ。

この実を煮つめて、羊羹《ようかん》のように固めた菓子があるが、黒褐色をしていて、歯ぎれのぐあいも甘い味も、黒砂糖の塊りによく似ている。

砂漠の自然の貯水池

色彩のあざやかな強豪なトゲを出すので有名な樽形《たるがた》の強刺属のシャボテンの中にも、色々食用になるのがある。

広い砂漠を通って旅する者が欠かせられないものは、まず第一番に水で、旅の途中で飲み水をなくすと、まったく死ぬような目に遭う。「武蔵野の遁《に》げ水」というのは、かげろうのいたずらだが、砂漠でもよくこの現象が起きる。見はるかす曠野の果てまで、激しい陽光を浴びて燃えるように大地が焼けると、一面にかげろうが風になびいて、まるでそこらに河か湖水でも横たわって、キラキラと水が揺らいで光っているように見える。ノドが乾いて干ぼしになりかけている旅人が、ハッと思って、その方へ駆けだすと、水面はだんだん向うへ後ずさりして行って、その後に浅間しく陽に焦げた曠野だけが残り、幻想はムナしく破れる。

こういう砂漠の旅人のために、自然は、ノドの乾きと飢えを、いっしょに癒やしてくれる御馳走を用意してくれているわけだ。強いトゲを持った樽形シャボテンの厄介なトゲを、稜ごとナイフでそぎ取って、ザックリと頭から樽を割ると、中の肉質は海綿に水を滲《し》ませたように、水気たっぷりで、そのまま嚙《か》んで飲みくだしても、一応胃の腑《ふ》が収めてくれる。贅沢《ぜいたく》をいってはいられない場合だから、この際胃の腑に収まってくれれば、一応飢《う》えと渇《かわ》きからは救われる。

この種の強刺シャボテンの『金赤竜』Ferocactus wislizenii は、別名をキャンディー・カクタスと呼ばれているが、これは肉質を砂糖煮にして固まらせて、子供の菓子のキャンデーをつくるので、この名がある。

カリフォルニア半島はメキシコ領で、間にカリフォルニア湾を抱いて、太平洋に突き出ている半島で、ほとんど全島荒涼たる砂漠だが、この半島の中頃の中部脊髄山脈辺の傾斜に、真っ紅に曲りくねったトゲに全身燃えるように包まれて、円筒形にそば立っている、有名な強刺属のシャボテン『刈穂玉《かりほぎょく》』Ferocactus californicus は、もの凄い強豪刺に全身包まれて、手もつけられないシャボテンだが、これも、――とりわけ家畜の飼料として、大干魃《かんばつ》でそこらに青いものがなくなった時などには、トゲを切り落として、大いに利用される。いたるところであらゆる湧泉が涸れ果て、人間も激しいかわきに襲われると、家畜といっしょにこのシャボテンの恩恵にあずかるのは、むろんのことだ。

ここに到って、シャボテンは、まさしく砂漠の救世主だ。

酒

酒は、あらゆる食べものと飲みものの中で、人類が考案した最も優秀なものだ。

どんなうまい食べものでも飲みものでも、それがうまいのはノドもと三寸過ぎるまでのことで、腹に収まっておナカがいっぱいになると、――なり過ぎると、あとはからきし味気なくなる。オクビが出るだけで、ゲッソリする。

酒は、飲む時にうまく、飲んだあとの酔い心がまた格別で、その上、栄養満点消化満点で、欠けるところがない。アルコールはすでに消化したも同然の栄養で、カロリーそのものだ。栄養の高さにおいても、最高の位置を占める。酒を飲んで鍛《きた》えた肝臓のアルコール消化力は、肝臓の他の機能の能力まで高めるので、だから、「酒は百薬の長」という諺《ことわざ》がソコから生まれた。ただ、「過ぎたるは及ばざるにしかず」で、うま過ぎるためについつい度を過ごし勝ちなのが唯一の欠点だが。「往々にして悪《あし》き上《うわ》衣《ぎ》の下に好き飲み手あり」というフランスの名言通りで、飲み過ぎると身を破って、いい上衣を着れなくなる。

カクタス科の植物ではないが、アガベ科の竜舌蘭の仲間から、メキシコで酒を醸《かも》しているのは、有名だ。

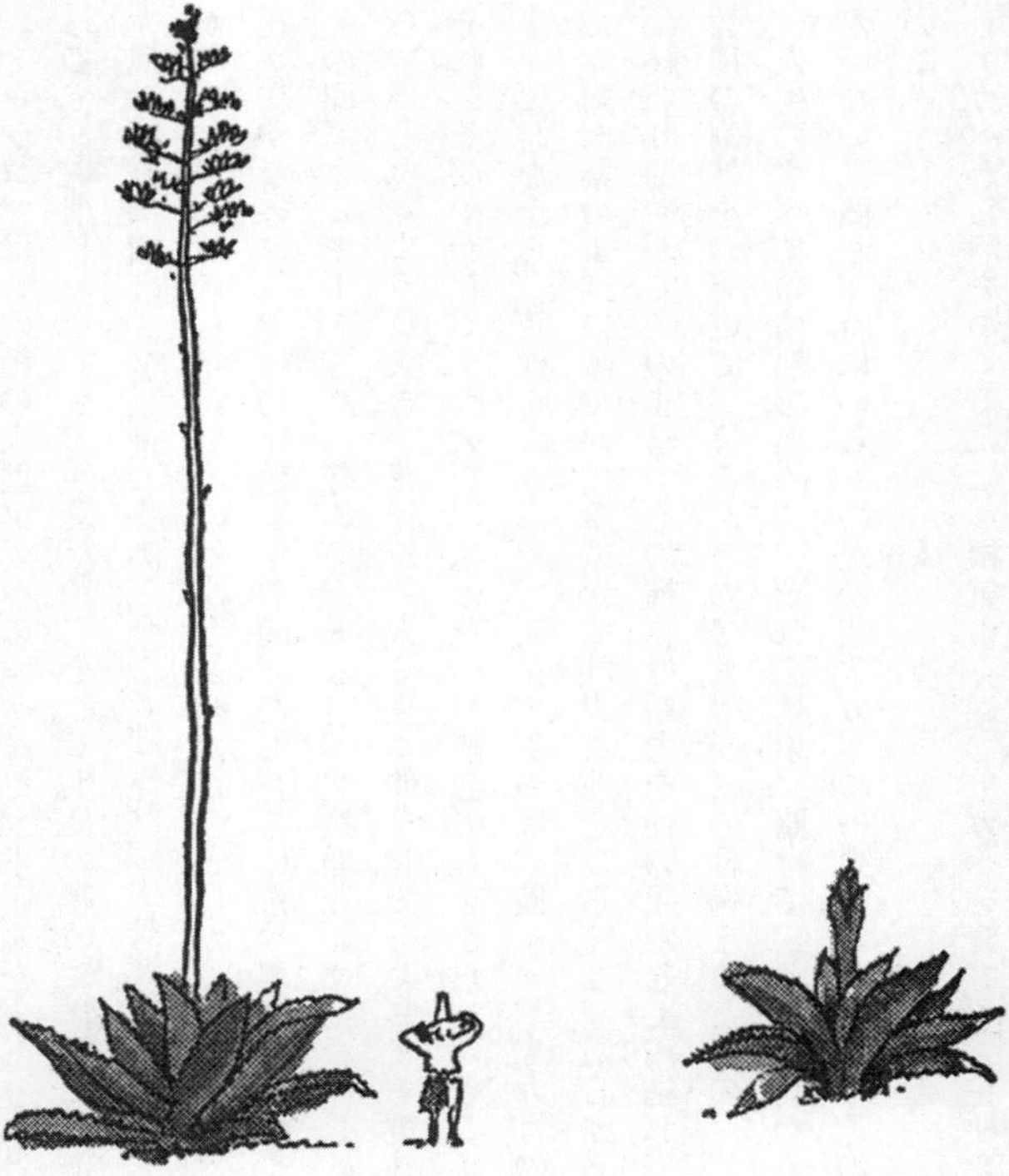

アガベの花

メキシコではこの種の大型アガベのマゲイやソトールを、ちゃんと畑にうねづくりして、――畑といっても半砂漠だが、そこで生長の遅いこれらの植物を気永に育てる。大型のアガベ類は一名『世紀の木《センチユリー・プラント》』と呼ばれ、生長遅鈍で百年立たないと花が咲かないとされる。百年というのは少し誇張だが、とにかく、十年や二十年三十年では花が咲かない。この植物は数十年の間、ただ育ちに育って葉数を増やして大株になり、その間エネルギーを貯《た》めに貯めて、ある時、突然開花の準備をはじめる。株の中心からアッと驚くような大きい花梗を、太く長く伸ばして、たちまち電柱のように空高くそれをそびやかして、巨大な穂状の花序で無数の花をひらく。そこまで育つのに数十年を要しながら、花梗をぬきんでて開花するのは、僅々一、二カ月のうちだ。こうして、謝肉祭のように賑やかで華やかで壮大な花をひらくと、数日から十数日でその花は終わり、やがてそのまま、その植物は精力を使い果たして、枯れて死んでしまう。数種の例外をのぞいて、ほとんどのアガベがこの経過をたどるのだ。

人生のすべての情熱を集めて、それを情事に賭けて、それで終わる、――そうして悔いない人間が、時にいるものだが、アガベの一生というのは、その生きかたに似ている。

アガベから酒をつくるには、根気よく畑でアガベを育てて、花梗をぬきんでて花をつけようとする前に、株のしんを深く刳《えぐ》り取って、そこを壺状に凹ませる。そこに毎朝たまる樹液を集めて取って、酒に醸造するわけだが、長いヒョウタンの底を抜いて、そこへ口を吸いつけ、ヒョウタンの口をその樹液のたまりにつけて、中へ吸いこんで、それを革袋の中に採集する。

このアガベの樹液は、まる剝《は》ぎした豚の身ぐるみの大きな革袋に充たして、そこらへ重たく吊るしておいて、醱酵させて、どぶろくにする、これがプルケ酒だ。

このプルケ酒を蒸溜して、アルコール分をキツくしたのが、有名なテキーラで、これは、いってみればイモ焼酎か、沖縄の泡盛のようなものだ。

色織りの肩掛けかマットのような、派手なだんだら縞のポンチョを肩にかけて、大きなソンブレロを斜めに頭にのせた粋《いき》なメキシコの兄《あん》ちゃんのホセ君が、白い漆喰《しっくい》塗りの壁の居酒屋で、荒ら削《けず》りの木の机によりかかって、拳《こぶし》の背中へちょっぴりのせた塩を舐《な》め舐め、鼻の上にコップを傾けて、仰向けた口へ流しこんでいるのは、このテキーラだ。

カクタス類の樹液は、たいてい醱酵させると酒になる。これは、これらの樹液には多少とも、澱粉質や糖分が含まれているからだ。これはカクタスではないが、アフリカではガガイモ科の多肉植物の塊根から、ビールをつくって飲んでいるのがある。

仙薬

酒は百薬の長といわれるが、不老長寿の仙薬であり、万病に効《き》きめがある万能の薬を兼ねている、というので、「医者いらず」とまでいわれて知られている蘆薈《アロエ》がある。ユリ科（註・現在はススキノ科）のアロエ属の植物で、『木立蘆薈《きだちろかい》』Aloe arborescensというのがそれだが、原産はアフリカの広域だ。古い頃、地中海を渡り、南欧イタリア辺や中近東地方を経て、恐らくシルク・ロードを抜けるか、ソビエトからシベリアを通って沿海州へ出るかして、東漸して日本へ渡った。その道々で、不老長寿、万病に効く仙薬ということで、名声を残して来ているわけだが、日本に渡来してからも、頭初は大名のうちうちなどで、ひじょうに貴重なものとして扱われ、今では想像もつかないような値段で、売り買いされていたらしい。

この植物のどこが、不老長寿や万病に効く仙薬となるのかわからないが、アルカロイドのアロインを含み、これは緩下剤として薬効があることと、その葉の活性葉緑素を含む粘液が、切り傷の傷口や火傷《やけど》の糜爛《びらん》を化膿からまもったり、肉芽の発生をうながしたりして、快癒を早める役割りを果たすことは、事実らしい。しかし、この植物を薬として用いる場合には、たいてい生薬を、丸のまま嚙んだり、摺りおろして使ったりするので、この植物に含まれる他の何かわからない微量物質が、効果を発揮するのかもしれない。海岸地帯などの、あまり強い霜のないあたたかい地方では、この植物はよく庭先などに茂り、美しい赤い花を冬にむらがり咲かせている。そういう土地では、アロエのその伝説的効果を今も信じて、村の人々があげて、毎朝アロエの葉を一枚ずつ噛《かじ》る風習があって、そのためかどうか、長寿者がひじょうに多くて、不老長寿村の名を近隣に響かせたりしている例が、少なくない。私の友人にも、長年にわたって毎日アロエの葉を一枚ずつ食って、八十幾歳を越える今でも、白髪が一本も生えず、歯が一本も欠けず、眼鏡をかけないで新聞を読んでいるというのを、会うごとに自慢しているのがいる。もっとも、斗酒なお辞せず、という酒好きだから、この不老長寿は酒のくどくのせいかもしれない。

ボッカチオの『デカメロン』は六百年前の本だが、この物語の中に、アロインが出て来る。その頃の製薬法は、アロエの葉をまるごとつき砕いて、黒い飴のかたまりのように干し固め、手頃な丸薬《がんやく》として服用したらしく、何に効くのかはわからないが、下剤か通経薬としてでも使ったのだろう。物語は、たいへんお人好しの、カランドリーノという男が、例年田舎の別荘で、夫婦して丹精して、豚を一頭育てている。大きくなったところで殺して、肉をムダ使いしないで残らず塩漬けにして、貯《たくわ》えておくと、たいそう台所の倹約に役立つというわけだ。ところが、ひょうきんな友人どもが、豚をごちそうになれないのに腹を立て、こっそりその豚を盗み出して、豚を盗まれて大騒ぎしているカランドリーノのところに行って、それをなぐさめて、豚泥棒を見つけてつかまえるいい方法があるから、といって、村の人たちを集めさせる。それから薬屋で、アロエの丸薬を買い、別に飴玉か何かを用意して、カランドリーノのところへ戻って、彼が集めた村の人たちの中にはいって、こんな宣言をする。豚泥棒を見つけ出すいい薬があるから、ここでみんなにこの薬を飲んでもらうが、この薬は、豚を盗まない者が飲むぶんには甘いが、豚泥棒が飲むと、もの凄くニガくて我慢出来なくなる。そう前もってことわっておいて、カランドリーノ以外の村びとたちには、甘い飴玉を与え、カランドリーノには、こっそりかくしていたアロエの丸薬を飲ませる。カランドリーノがあまりのニガさに、とうとう我慢しきれず、口から吐き出してしまうと、友人たちはおこって、カランドリーノの前に立ちはだかり、お前が自分で盗んでおいて、それをひとになすりつけるというのはけしからんと、さんざん人前で、このお人好しをコキおろす、という話だ。

その頃、アロエの丸薬が町の薬屋で売られ、安易に誰にでも手に入れられたらしいところを見ると、ここではまだ、不老長寿、万病医者いらずの仙薬などと、ありがたがられていなかったことがわかる。

アロインはそのくらいニガい物質だが、れいの不老長寿村の人々が、案外それを苦にしないで、毎日アロエの葉っぱを噛《かじ》っているというのは、アロエの葉のニガさは、おそるおそるそのはしっこの方を噛んでみたりするのとちがって、若干その覚悟をきめて、思いきって全葉を丸噛りして口に入れてみると、案外、それほどコタえない。人間の世界で、これに似たことはよくある。イヤイヤやるから、またはおっかなびっくりやるから、いよいよいけないのだ。アロエ村の人たちは、そのこつを心得ていて、万事をそのでんでやるから、その精神的影響もまた、不老長寿に影響しているのかもしれない。

もっともアロインは緩下剤的薬効をもっていることは、はっきりしているので、それを含むアロエの葉を毎日噛む、——この「毎日噛む」ということは、長い期間にわたって、不断に腸の調子をととのえて、習慣的に排泄物を完全に出してしまう。新陳代謝の機構を眼に見えない隅々まで行きわたらせる、このことが作用して、どんな健康法も、医学も出来ないことを、してのけるからで、仙薬の仙薬たるゆえんは、この辺にあるのかもしれない。

アロエが何に効くかというと、巷説《こうせつ》によると、まず肺結核や肋膜、胃腸の炎症性障害、――ふつうの、「腹の痛み」などには、てきめんに効果があるらしい。それから神経痛のたぐい、等々。数えたてるときりがない。これらは内服の場合で、だいたい内科の分野だが、外用では切り傷、火傷《やけど》。この火傷も、どんな医薬治療よりも効果があると「信者」は主張する。私も、欲しがって来る人がよくあるので、栽培を欠かせない。

なお、この『木立蘆薈』の花は、枝打ちした花梗に、赤いサンゴの房をたくさん吊るしたような奇観を呈して、たいへん美しいので、それも、花の少ない冬の頃に咲くのと、長持ちするので、生け花には重宝《ちょうほう》がられる。

ユーフォルビア属の植物は、一般トウダイグサ科の植物に見られるように、牛乳のような白い樹液に、いわゆる「激毒」を持っている。このゴム質の粘稠《ねんちゅう》な樹液には、オイフォルボンというアルカロイドが含まれていて、色々変った作用が見られる。このゴム質は、そのまま自転車のタイヤのパンク修理ぐらいには、利用出来そうなぐらいだが、このオイフォルボンは、激しい赤発性をもっていて、これを粘膜などにじかに触れさせると、激しい炎症性の充血を起こし、糜爛《びらん》して、潰瘍状態にまでなったりする。

しかしこれを適当な溶剤に溶《と》いて（ベンジンなどにもよく溶けるし、一応水にも溶ける）薄めて、皮膚に塗ると、そこへ軽い充血を起こして、その刺戟を長く続けるので、その皮膚部の血液の新陳代謝をうながして、たとえば、禿げ頭に毛が生えて来る。養毛剤とか発毛剤として、顕著な効果があるというので、ちゃんとした薬剤の一つになっている。南アフリカ原産の『白角キリン』Euphorbia resinifera などから多量採取されて、エジプトのカイロ辺に集荷され、ヨーロッパに送られる。『白角キリン』の四角い柱状の枝や茎の稜角を、トゲもろとも削り取って、乳液をそのまま干し固めたのが商品だ。

また、同じユーフォルビア属の『矢毒《やどく》キリン』Euphorbia virosa の乳液は、原住民たちが色んな動物の狩猟に使う弓の矢に、矢毒として利用している。もっとも、矢毒には、これに近い色んな他の柱状ユーフォルビアの乳液を、手あたり次第使っている形跡があるが。

私の知人の某は、この植物を弄《いじ》っていて、この乳液がコビりついた手でうっかりトイレでホースをつまんで（水道のホースじゃない）やがて、その部分が激しい炎症を起こして、糜爛《びらん》して、二倍にも太く腫《は》れあがり（誇張だろう）数日手も触れられなくなって、大騒ぎした経験がある。

私も、ちょっとその乳液のついた指先で、鼻糞をほじって、そのあとその刺戟のために、二百回の上も（これは誇張じゃない）クシャミをし続けて、閉口したことがある。

しかし、こういう猛毒を持った植物も、たとえば南アフリカのある原住民たちは、ある種のユーフォルビア属の植物を切り刻《きざ》んで水に浸《ひた》して、毒を抜いて、食料にしている。タコモノといわれて、中心の低い独楽《こま》型《がた》の茎から、ぐるりへ蛇のような枝を車輪状にのばしていて、怪奇な姿をした一群の植物だが、雨の降らない乾燥しきった環境の砂漠では、青いものが不足するので、こんなものまで食料にしているのだ。

もっとも、説があって、人間はあらゆる生きものの中で、もっとも悪食《あくじき》で、人間にとって食えないモノは何もない、というのだが、とすると、この中で、いちばん食えないのは「人間」だということになるがどうだろう？

木材と繊維

シャボテンは草ではなくて木だ。少なくも、多肉植物の中には草本科のものがあるが、カクタスは木本科で、これは木だ。

だから、古くなると当然、木材になる。

シャボテンの、ひじょうに巨大になる種類の中には、その向こうがわに、馬に乗った人間が一人スッポリ隠れて、こっちがわからは見えない、というようなのがあって、そのようなシャボテンの、古く木質化した部分からは、縦割《たてわ》して、一枚のドアが取れるといわれる。ガラパゴス島に自生する、世界最大のウチワシャボテンといわれる『ガラパゴス・ウチワ』Opuntia galapageia var. gigantea だとか、南米アルゼンチンのアンデス高原付近を故郷とする『黄鷹《きいたか》』Trichocereus pasacana だの、カリフォルニア半島のサンタ・カタリナ島に自生する『紫禁城』Ferocactus diguetii などは、その種の巨大シャボテンとして有名だ。

シャボテン類の茎の維管束は、ふつうの木のそれとは体制がかなりちがうので、その木質繊維からなり立つ木材は、強靭なわりに、ひじょうに軽い。つまり、組織が空粗なのだ。しかし、もともと極度に乾燥した環境のこと、生育も遅鈍だから、一般の森林から伐《き》り出す木材などとは、量において太刀打ち出来ない。ただ、もともとこういった植生の乏しい砂漠のことだから、シャボテンは大切な木材資源のわけだ。どうかすると、生きて生えて育ちつつある柱シャボテンにそのまま小屋がけして、柱にしたりして、簡易に応用したりしている。

また、藪状に茂るトゲだらけのシャボテンのたぐいは、自生地付近では生け垣に便利でよく利用されて、庭などを囲っている。

繊維は、大型のアガベ科の植物の葉が利用される。主としてメキシコで作られるが、エネケンという、マニラ麻に似てもっと強靭な繊維で、丈夫なロープをつくったり、粗《あら》い麻布に織ったりしている。『サイザル竜舌』Agave sisalana などは、繊維の資材には恰好のアガベだ。

『死の谷』『悪魔の花園』の同伴者

シャボテン好きの心理分析

　北米の南西部、ネバダ、カリフォルニア、アリゾナ、ユタなどは、広域にわたる一大高原砂漠地帯だが、そのど真ん中頃、モハビ砂漠やコロラド砂漠に近いところに、デス・バレー『死の谷』Death Valley の涸《か》れ谷や、『悪魔の花園』Devils Garden などという奇妙な場所がある。

　このうち『死の谷』は、ラスベガスの西、パナミント山脈とアマルゴサ山脈の間に、突然地球に亀裂が出来たように深く落ちこんで、一部分は海面よりも低くなっている長さ二百キロ以上に及ぶ荒涼たる涸れ谷だ。ここを『死の谷』と呼んでいるのは、時に雨の多い雨期には、谷底に積った白い砂地のところどころに、青く澄んだ水たまりぐらいは出来るが、おおかたは谷ぜんたいが極度に乾燥した砂漠であるうえ、場所によると、地殻変動の歴史をものがたるかのように、珪化木などがゴロゴロ転がっている谷底が、一種の日だまりになって、その激烈な陽光に焼かれた空気が、もの凄い温度になって、不動の熱気をたたえる。

地球上でいちばん暑い気候を記録したのは、アラビア南部の砂漠地帯で、たしか摂氏五三度ぐらいと記憶するが、『死の谷』の谷底も、それに決して劣らない。そのために、この乾燥しきった昼間の不動の熱気に焼かれて、一木一草も生きることが出来ず、谷底へ知らずに迷いこんだ小鳥や蝶のたぐいも、よく焼け死んで、累々《るい》と屍骸《しがい》を横たえていたりするという、この世の地獄のような世界だ。多少の誇張はあるにしても、悽愴《せいそう》をきわめた別天地であることにちがいはない。

どんな生物も生きられないこの荒涼の世界で、ただ例外に、二つの生きものを見かけることが出来る。

一つは、そこらの崖の岩陰などに乏しく生えているシャボテンと、一つは、――これは、この天涯の世界を観光地と心得て、自家用機やヘリコプターを飛ばしたり、冷房のきいた自動車を乗り入れたりして、中にはごていねいに冷蔵庫まで持ちこんで、冷たいアイスクリームをなめたり、コカコーラの栓を抜いたりしながら、観光を楽しんでいる人種や、中には美女たちを幾人も連れこんで、裸にして、ＣＭのカメラを廻したりしているやから、などだ。

『悪魔の花園』も、こういった焦熱地獄の一つだが、こちらは『死の谷』の荒涼さとはちがって、幾らか緑地めいて、砂漠性高木の疎林に囲まれ、『尾紅龍《オコチヨ》』Fouquieria splendens が裸の細い茎を箒のように立て、銀色に光るトゲトゲの枝の先から、一面に燃えるように真っ紅な花房をたらしたり、ウチワシャボテンの叢林の、トゲだらけの茎の至るところに、赤や黄色い原色の花を咲かせたり、血ぬられたように凄《すさま》じく紅い強いトゲを全身から逆立てた樽型の強刺属のシャボテンの頭に、真っ紅なブドウ酒を注いだ黄金色《きんいろ》の大きな盃のような花を、一面に重ねてのせたり、そういう樹々の間を、花菱草の橙色《だいだいいろ》の花が、隙間なく埋めている。――この絢爛《けんらん》たる花園のような世界に、眼がくらむばかり強烈な陽光が降って、眼に見えない激しい熱気を、焔のようにたたえている。ちょっとの間でも、帽子なしに立ちつくしていたら、たちまち熱射病で、昏倒してしまうような世界だ。

しかし、こういう凄《すさま》じい世界も、ごたぶんに漏れない。冷房自動車があちこちの藪陰に頭をもぐりこませて、コカコーラの栓をそこらへまき散らしたり、――私の友人の証言によると、使いすてのコンドームのゴム袋が、ウチワシャボテンのトゲだらけの幹《みき》に、引っかかっているのを見た、という。

要するに、不死身なシャボテンと、どんな暑熱も恐れぬ不逞な人間だけが、焼け爛《ただ》れた『死の谷』や、本当に悪魔のためにだけ用意されたようなこの『悪魔の花園』で見かけることの出来る、ただ二つの生きものだということは、また一方、北はカナダの北緯五〇度付近、ピース河界隈の、冬は摂氏零下数十度という寒冷な地帯に、凍結した雪の下で過ごしているシャボテンがある、ということや、南極の極点に近い氷の上で、観測のために冬ごもりしている人間の集団がいる、などということと、いい対照をなしている。

とにかく、シャボテンと人間が、『死の谷』や『悪魔の花園』で、同伴者である資格を充分に持っていることは確かで、その資格を、シャボテンは、からだの構造とその生理と機能のメカニズムによって、自然に身につけているのに、人間は、大脳の働きである知能が、科学のメカニズムを応用して、同じ資格を身につけた、というだけのちがいがあるのも確かだ。

ただ、一方、この二つの、どこか似かよって性《しよう》の合った二つの生きものは、長所は常にそのもの自身が短所である、という自然の法則に従って、どちらも互いに共通の短所によって、悩んでいるということは、これまた奇《く》しき因縁というほかない。

それはこうだ。

肥った悩み

シャボテンは、水の乏しい砂漠で、水に不足しないで生きる手段として、からだを樽のように肥厚させ、その中に巧妙な貯蔵組織をもって、多量の水やそして養分を貯《たくわ》えて持っている、ということについては、すでに述べた。水は砂漠を訪れる雨期に、素速くそれを根で吸い取って貯えるわけだが、その貯えを蒸散作用などによって、必要以上無駄に失わないようにと、工夫を凝《こ》らし、水分蒸散の窓口である気孔の数を、極力減らすとともに、その気孔の構造もまた、無駄に水分が蒸散出来ないような特殊な仕組みにした。植物は主として葉からの水分の蒸散による樹液の濃縮と、それにともなうマイナスの圧力によって、毛根の細胞の細胞膜の滲透作用で、土中の水分を体内に取り入れるのだが、シャボテンは樹液の九十六パーセントぐらいまで水分から成り立っているたいへん水っぽい植物だから、滲透圧もたいへん弱いうえ、植物体からの水分の蒸散を極力抑制しているために、樹液のマイナスの圧力もそれにともなって弱くて、水をたいへん取り入れにくい。だから、気孔からの水分の蒸散を、ますます強く抑制することになる。

ところが、水分の蒸散を巧みに抑制するようになっている気孔の構造と、もともと気孔の数がたいへん少ないために、一方で困ることが起きて来る。植物のもう二つの大きな生理活動、——空気中から炭酸ガスを取り入れて、太陽光線と水とから、栄養の基《もと》になる炭水化物、すなわち有機質を合成して、そのための化学反応で生じた不用な酸素を排出する「同化作用」と、もう一つ、空気中からやはり気孔を通して酸素を取り入れて、それで栄養の炭水化物を燃焼させて生活のエネルギーとして、燃やし滓《かす》の炭酸ガスを体外に排泄《はいせつ》する、いわゆる呼吸作用と、この二つの作用のためのガス交換を、気孔を通して行わなければならないのに、植物体はまるまると肥厚していて細胞の配列は奥深いし、気孔の数は極端に少なくて、その上特殊な構造になっていて、水蒸気ばかりでなく、どんなガスも通りにくい。つまりガス交換がいたく困難なのだ。

この不便さを、合理的に解決するために、シャボテンはきわめて巧妙な生理の仕組みを身につけた。同化作用で排出する酸素を、気孔を通して外へ出さず、体内に置いたまま、酸素を必要とする呼吸作用に応用し、今度は、その呼吸作用によって排出する炭酸ガスを、これまた気孔を通して外へ出さないで、そのまま体内で、炭酸同化作用に応用する、——こういううまい仕掛けの循環で、おおかた気孔を通さないで、体内でガス交換をしてしまうという風にした。この特殊な化学反応のためには、比較的多量の石灰分を必要とするのだが、いいあんばいに、大部分のシャボテンの自生地は、石灰岩の地盤から成り立っていることが多い砂漠なので、シャボテンは必要な石灰分を、自分の根で吸収すればいい。

シャボテンの根は、土の中での呼吸作用が盛んで、酸素を取り入れて炭酸ガスを多く出すが、この炭酸ガスは水に溶けると酸性を呈して、石灰岩、——炭酸石灰などを溶解して、根から吸収しやすい状態にする。シャボテンの自生地の土が、乾燥期には炭酸ガスの蓄積で、いくらか酸性を呈していたり、雨期には一時的に中和して、中性か微アルカリ性にと変化したりするらしいのは、そのためだ。

ふつうの植物の場合、葉っぱは葉緑素が多い表面と、気孔が多い裏面との間に、わずかにうすく細胞の層があるだけだから、水分の蒸散も、同化作用と呼吸作用のガス交換も、雑作《ぞうさ》なくゆくが、からだがまるまると肥大して分厚くなったシャボテンの場合は、そう簡単にはいかない。ふつうの植物の葉っぱにあたる部分は、球状に肥厚した茎の表面に移行しているので、奥の方の細胞のガス交換は、それだけ困難になるのだ。

ところで、シャボテンの方はそれで片付いたとして、筋肉や脂肪のたぐいで結構からだが肥厚している人間の場合は、どうだろう。

いったい、生きるための生理の都合からいえば、からだが大きく肥大していて重いのは、あまり便利ではない。古来、地球の上での、生物進化の栄枯盛衰の歴史をたどると、巨大すぎるものは、すでに滅びてしまったか、現在滅びつつある過程にある。大き過ぎるというのは、合理的ではない。

その点からいえば、人間もまた、少し動物としては大きすぎるので、大ざっぱにいって、もしも、今の半分の大きさだったら、二倍長生きして二倍繁殖し、計算上四倍繁栄するだろうし、反対に、二倍大きかったら、寿命は今の半分になり、繁殖も二分の一に減って、とうに人類は滅亡しているだろう。

人類が滅びたあと地球を支配するのは、いちばん小さい生物であるバクテリアのたぐいだろう、というのが有力な説だが、そこまで一足とびに小さくならないでも、ネズミやゴキブリは、油断がならない。何しろ小柄《こがら》だし、敏捷このうえない。

人間のからだは、色々な組織や器官はたいへん丈夫に出来ていて、ふつうならば、それぞれ人間の寿命の二倍は長持ちするように出来ている、というのが、ほぼ定説らしい。組織や器官はそんな風に丈夫に出来ていて、結構長持ちするのに、それが組み立てられて一体の人間となると、すべての機能をフルに働かせても、寿命は半分に短縮してしまって、現在の平均寿命のていどになるというのは、どういう理由からだろう。

それは他でもない、人間のからだがシャボテン同様、少し大きく肥厚してしまって、全体としての新陳代謝のつりあいが、ウマく取れないからだ。たとえば、全身の組織や器官のすべての細胞の隅々まで、酸素やその他の栄養が充分行きわたらないし、それらの細胞の活動で生じた有害な老廃物が、完全に一掃出来ないのだ。とりわけ、この後者の、老廃物のごく微量ずつの蓄積が、全体の組織や器官やその活動を老廃化してゆくので、シャボテンの場合の聡明な仕組みを見習って、その種の有害な老廃物を、適当な処置で何かと化合させて、不溶性の沈澱物にでもしてしまえば（シャボテンの場合は、蓚酸石灰の結晶などとなって析出されて、結構それはまたそれで、他のことに巧妙に、有効に利用されたりしている）事態はかなり有利になって、人間の寿命は今よりも延長されるだろう。このような、自然では排出しがたい老廃物を、より多く発生させる原因が、余計なストレスのたぐいであろうことは、当然の理屈だろう。

『小男には油断するな』という諺も、このことと関係あるかもしれない。

水の政策でシャボテンに一歩ゆずった人間は、もう一つこの点で、その弱体を暴露したことになる。

「善人なおもて成仏す」

さて、シャボテンと人間は、『死の谷』や『悪魔の花園』の同伴者だから、それで性《しょう》が合い、人はシャボテン好きになって、そのことに首ったけになったりする、というわけじゃない。それよりも、その同伴者である人間同士の間に、何かと問題があるのだ。

世に草花好きというのは、たくさんいるが、シャボテン好きというのは、そのうち数えるほどしかいない。

いったい、草花好きには悪人はいない、という定説があって、草花好きは世間でトクをしている。

たしかに世の草花好きというのは、「自然」の愛好者で、自然と人間との平和な調和を愛し自然の法則に順応して、素直で、おとなしく、静かで、その美と秩序を愛する気持が、一段と強い。心優しく、謙虚で無欲、人と貪婪《どんらん》に争うことに背を向け、運命にもあまり反抗しない。そのかわり、幾らか消極的で、利害に無関心で、どこか超然として、ひとり楽しむ、という風情《ふぜい》があるが、冷淡であるわけじゃない。同じ花好き仲間とはわりない仲になって、楽しみを共にすることを避けない。時折お天狗《てんぐ》さまがいないことはないが、無邪気な天狗で、あまり褒《ほ》められると、かえってテレて、赤くなって、天狗の座から自分で降りる気になるくらいだ。

要するに、草花好きというのは、自身も植物的な性格で、自分が愛する草花に似ているのだ。

もっとも、オモト好きや盆栽好きや観音竹好きや蘭好きなどには、ちょっとそれとは肌合いのちがうのがいて、どちらかというと、観賞ばかりでなく、ソロバンはじきに専念したり、孤高な優越感や自己所有欲を価値観で充たすことで、満足したりしているような場合が、往々少なくない。ここではしばしば、市場での植物の値段が問題になるのだ。(むろん、例外もないことはないが)

シャボテン好きの場合は、またこれとちがう。

むろん、ふつうの優しい草花好きが、その延長として、シャボテンを愛好する、というのがいちばん多い。そういうのは、「草花好きに悪人はいない」という世間の信用を、そのまま受け取る資格があって、楽しいなごやかな世界をつくっている。ところが、シャボテンに首ったけになって、夜も昼もない、というようなシャボテン好きの中に、しばしば、ふつうの草花好きとはちがう、もっと大人《おとな》の、植物的性格というよりはむしろ動物的性格といった、積極的で、能動的で、エネルギッシュで、脂肪《あぶら》っこくて、敵味方の観念が強く、利己的で、闘争的で、どうかすると貪婪で、——その飛ばっちりで、時に意地わるでさえあるような、世間から、油断のならない働きものと見なされている、一と口にいって、動物的性格とでもいえるタイプの人間が、仲間入りしていることが、よくある。こういう性格を構成する遺伝因子がたてこもっている染色体には、「悪人」が住みよがるらしくて、植物的性格よりも動物的性格の人間に、そういうのが多い。

ここで、「悪人」とは何ぞや、という定義が必要になりそうだが、これは、この場合素朴に、素直に受け取って、悪いことを、しばしば平気で行う人間、ぐらいに受け取っていただく。自分がされるのはイヤなようなことは、人にはしない、という惻隠《そくいん》の心がない。貪婪な欲望を満足させるために、あえてひとに迷惑をかける、他人の苦痛を見殺しにして、自分ひとりの楽しみや利益をはかる、利己主義を座標軸として人生を廻転させて、そのことに反省がない、といった一連の行為を、心の苦痛を感じないで行える、というのが「悪人」だ。

こういう性格を構成するための遺伝子の組み合わせと、動物的性格を形ちづくる色んな遺伝子が、染色体の中にどうやら隣り合って住んでいるらしい。悪人というのは、どうやら動物的性格と縁が深い。

シャボテン好きの中には、ふつうの草花好きとちがう動物的性格の人が少なくない。そのために、きわめつきの悪人まで仲間入りして、いっしょにシャボテンを楽しみ、それに首ったけになっていたりする。ということは、しかし、格別因果な話ではない。親鸞上人は「善人なおもて成仏《じょうぶつ》す、いわんや悪人をや」といわれたが、シャボテンを眺めて楽しんで、それで悪人が成仏するとすれば、それはシャボテンの冥利《みょうり》といってもいい。

悪人とまではいかないでも、この種の動物的性格の人間の人生は、植物的性格の人間のそれとくらべて、苦渋に充ちている。敵も多い。身のさびとはいえ、人と争って不屈な闘《たたか》いをする気疲れ、——成功のよろこびにも失敗の悔恨にも、人一倍心を擦《す》り減らす。この種の性格は、よろこびも悲しみも、激しく強いのだ。

人生の一日の闘いの矛《ほこ》をおさめて、自分の世界へ立ち返って、家に戻って、夜の沈黙《しじま》の一刻《いっとき》、ひっそり静まって眼の前にならんでいるシャボテンを、一鉢々々眺めてみる。

こういう場合、シャボテンはただ観賞にたえる一鉢々々の、ただの植物ではない。

シャボテンは、——この不思議な植物は、それが生えていた砂漠の、人煙絶えたはるかかなたの世界の孤独を、一本々々影ひいて持って来ている。雲もなく晴れて剞《えぐ》れた空の下の、ただ焼け石と砂ばかりの世界に、淋しく乾いた音を立てて風が吹き抜けている。そこにシャボテンが自分の影だけを地面にしみつかせて、孤独にたたずんでいるのが、眼に見えて来る。——その前に、あるじは今立ち尽して、心のはるかかなたを吹き過ぎてゆく風の音に、耳を澄ましているかのように、じっとたたずんでいる。人の世の昼間の利欲の争いも、勝ったり負けたりよろこんだり悲しんだりした生活のどよめきも、かえって今は、もうはるか遠いかなただ。ここにいるのは、今は彼一人で、シャボテンの孤独と彼の孤独とが、ジッと静かに相対しているだけだ。ここの「時」は、一瞬のうちにいわば永劫が流れているのだ。

こんな心理は、心優しいふつうのただの草花好きにはわからない。この人たちはすでに、成仏しているのだ。これから救われなければならないのは、こういう主人公だ。だから、今は「悪人」も成仏すべき刻《とき》だ。

「芸」について

人間は、自然の中でその「種《しゅ》」が生まれたので、自然は人間のふるさとだから、自然の中にいると、人間は母のふところにいるようなくつろぎを覚える。人間は生活の便宜から集落をなして集まって、だんだんと都市をつくるようになったので、いつの間にか、生活が「自然」と離れ、「自然」と遠くなって来た。ソコで、母のふところのように、自然が恋しくなつかしくなって来たので、そこへ戻ることを考えた。しかし、そうそう人間の方から足を運んで「自然」の中へはいって行くわけには行かないから、「自然」を自分の方へ引き寄せることを思いついた。それも残らずというわけには行かないから、その一部分を、自分のそばへ引き寄せて持って来ることにした。

植物というのは「自然」の断片だから、それを持って来て、身のぐるりにおいて、植えて育てて、自然とのつながりを、そういう方法で求めようとしたのが、「園芸」のはじまりだといえる。「園芸」とは、「園《その》」にそれらの植物を植えて、ウマく育てる「芸」という意味だ。この「芸」をもっと広義に解すれば、「園」へ持って来て植える植物の選択のことや、それらの自然の植物に人工を加えて、樹の形ちをととのえたり、変えたり、花変わりや葉変わりの植物を作り出して楽しむ、といった技術も含まれよう。

シャボテン園芸は、高山植物や食虫植物園芸のように、自生地の自然に生えている植物をなるべく自然を模範として、自然の状態に育てよう、というのがねらいだから、多少の例外はあるが、まあ、「自然園芸」とでもいうべき範疇《カテゴリー》にはいる園芸だ。とりわけ、シャボテンを通して、砂漠の自然に触れられるということが、人間ギライの心境とぴったりするので、ある種の性格の人たちに好かれる。人間の中で人間に押し揉まれて普段生きている人たちほど、時として、どうにもならない人疎《うと》ましい気持におちいることがある、そういう場合の心境と、この植物の持つ独特な雰囲気は、よく映《うつ》り合うのだ。要するにシャボテンは、ひじょうに性格的な植物なのだ。美しい花を咲かせて、植物の方から人に媚びて来るようなのとは、かなり根本的なちがいがある。

一般の草花好きがシャボテンを愛好するのは、この植物がもっているいろいろ複雑な持ち味のうち、草花的要素の部分の美しさに惹《ひ》かれてのことであるのがおおかただが、別に、この植物が身につけている何か人間的要素とでもいうべきものが、またちがう性格のタイプの人々を惹きつけ、その魅力の虜《とりこ》にする。この方が根強くて執拗だ。その意味では、いちばん人間くさくないはずのシャボテンが、もっとも人間くさい植物だ、ということも出来る。

もっとも、これとてシャボテンのせいじゃない。人間の心の動きは、このように捕捉しがたく複雑で微妙だ、ということに尽きる。

砂漠が生んだ近代造型

荒涼の美学

シャボテンという不思議な植物が地上に出現したのは、地殻の大きな変動が内陸を隆起させて、海の湿気と隔絶したところに、砂漠という奇怪な世界をつくりあげてからのことで、極度の乾燥と、それにともなう酷薄な気象に適応することの出来た乏しい植物群が、それなのだ。たかだか四、五万年前頃に過ぎない、といわれる。つまり、地上に自然に出現した植物としては、もっとも新しい、もっとも近代的な、ハイカラな植物というわけだ。

われわれ人間の、直接の祖先であるホモ・サピエンス（知恵のある人類の意）が出現したのと、奇《く》しくもほとんど前後した年代だ。百万年前に最初の人類が、類人猿から進化して現れ、ネオンデルタール人やジャバ原人や北京《ペキン》原人などといった段階をへて、もっとも進化した近代的な哺乳動物のホモ・サピエンスが地上に誕生した時、地球の陸地の四分の一は砂漠となり、そこに、乏しくシャボテンが生えはじめていた、という寸法だ。

たいへん大ざっぱでいい加減な、地球とその上の生物の歴史だが、ただ、シャボテンという植物と、人間という動物とが、似たような環境に生まれて、それに適応するために、似たような性癖を身につけた地上の双生児であることだけは、次のような理由で確かだ。

（この際、シャボテンというのは、カクタス Cactus 科の植物だけを指さない。砂漠的環境に適応して、カクタス科の植物によく似た進化をとげた他の色んな科属の植物、すなわち多肉植物 Succulent Plants をも、園芸上の習慣に従って、シャボテンとして、いっしょくたに扱うわけだが、さしあたり便宜上、ここでは、それらを代表するカクタス科の植物について、述べておく）

キリストはバイブルの中で、こうおっしゃった。『汝ら明日を思い患《わずら》うなかれ、今日《こんにち》の苦労は今日《こんにち》にて足れり。野の百合《ゆり》を見よ、ソロモンの栄華の極みだに、この一茎の花に及ばざりき。……汝ら貯《たくわ》うるなかれ、野の鳥を見よ、紡《つむ》まず耕《たがや》さず、……』云々。

人間は二千年前から、キリストのこの教えを守って来たろうか？

しかし、キリストのこの悲しい言葉は、本当に住む家も貯《たくわ》えもなく、イスラエルの曠野をハダシでさまよったキリストにしていえる悲痛な言葉で、まったく涙なくしては口にし得ないほどのものだが、じつに、人間、——この破戒の動物は、二千年来キリストのこの戒《いまし》めを破って、ただ、稼《かせ》ぎに稼ぎ、貯《た》めに貯め、この世でひとよりも肥えふとることを、生活の信条として生きて来たのだ。この破戒は、今日に到ってますます眼に余るほどだ。

しかし、まったくこれも、無理はない。人はキリストの教えに従って、明日を思い患《わずら》わず、紡《つむ》ぎも耕《たがや》しもせず、秋の穀物の収穫を貯えて置かないで、残らず酒に醸造して、バッカスの神にささげて、いっしょに酔い痴《し》れてしまったら、その次に来る寒い乏しい冬を、どうして過ごしたらいいか。

アフリカの原野を走り回っているライオンは、一匹の縞馬を餌食《えじき》にしてたおすと、腹いっぱいそれを貪《むさぼ》り食ったあげく、あとはそのままほったらかして、仲間のライオンや、飢えた乞食《こじき》のようなハイエナの群れに後始末をまかせて、かえりみない。颯爽として、無邪気で、無欲恬淡《てんたん》だ。ライオンが食べ残した縞馬の肉を、塩漬けにしたり燻製にしたりして、大事にとっておいたなどという話は、ついぞ聞かない。

ソコへ行くと、人間は別だ。

何でも大事に貯《たくわ》える。ものを粗末にすると、あとになって必ず祟《たた》る。いつも明日を思い患《わずら》っていないと、何が起きるかわからない。

これは、地上にホモ・サピエンスが現れた頃には、地球はこのホモ・サピエンスにとって、まことに生き難《にく》く、セチ辛《がら》く、すべてについて乏しかった。稼《かせ》ぎに稼ぎ、貯《た》めに貯めないと、食って行けないし、一族の繁栄などはおぼつかない。その上に、人間同士が欲をかいて争うという、殺風景な世界が、ぐるりをとりまいている。人生は砂漠だというが、もともと人間は、そういう砂漠に生きる宿命を持って生まれて来たので、ホモ・サピエンスが地上に出現した時には、もはや、もっといい豊かな世界は、他の生きものに奪《と》られてしまっていたのだ。美しい野の百合も、紡《つむ》がず耕《たがや》さずして生きられる鳥も、また、キリストの頃から同じ毛皮を着、同じ穴に住まって、愚痴も不平もいわないキツネも、いわばこれは「神の寵児」なのだ。

人間は寒々しく裸で生まれて、食べるものも着るものも、自分でつくらなければならない。生まれながらにして、心に砂漠を抱いているので、そのままではいられない。心の砂漠からの脱出、――そのためにも何かしなければいられない。いつもサモしい眼つきをして、そこらをほっつき歩かなければならない。こういうのが人間の宿命なのだ。
砂漠に生まれたシャボテンという植物が、また、まったく同じ宿命を持たされている。砂漠だから、水にも肥分にも乏しい。夏は熱く日射は激しく、冬は寒く風は砂っ埃《ぼこり》をあげて凍るほど冷たい。シャボテンのあの樽《たる》のように肥大した球体は、ひたすらただ、水と養分の貯蔵所で、その球体に縦に規則正しく蛇腹《じゃばら》型に刻《きざ》まれた稜は、太陽光線を受けとる面を長く引きのばして、単位面積が受け取る光りの量を少なく（その方が陽焼けをしない）、それでいて、全体の受ける量は少なくしないために、また、交互に影をつくって、激しい陽光をさえぎり合うように、更にそのうえ、エンジンの冷却器《ラジエーター》のように、からだにたまる熱気をさますようにと、用心深く巧みに工夫された装置だ。また、雨期にありったけ水を吸ってからだにたくわえ、乾燥期にはその水を使って生きて、乾燥に耐えるために、その蛇腹《じゃばら》を伸縮させて、球体内の貯水量を自由自在に変える、——この精緻をきわめた、まったく無駄なしに、必要ぎりぎりに設計されたのっぴきならぬ造型が、この植物の姿形《すがたかた》ちとなったのだ、と解すればいい。

シャボテンが、あらゆる近代芸術と共通の美を持っていることは、贅沢《ぜいたく》な無駄を一切はぶいた近代建築とよく似ている。近代科学の色んな生産施設や機械構造、空飛ぶジェット機からロケット、宇宙船、海にもぐる潜水艦から深海艇、最新式の自動車のタイプ、近代音楽のリズムやテンポやムード、女性の新しいモードから髪型に到るまで、不思議なほど同じ雰囲気を持っているのも、じつは偶然じゃない。

必要ギリギリのところまで追いつめられたシャボテンの形ちや線は、同じく、ギリギリ必要の窮極をめがけて動く人間の造型と、まったく同じなのだ。

ただに、形ちだけがそうなのじゃない。

いったい、あらゆる生きものの中で、ものを貯えて生きるという生きかたの形式をとっているのは、ごくごくの例外をのぞけば、――たとえば、リスがドングリやシイの実を、冬場、木の洞穴《うろ》に貯めておくとか、アライグマが食いものを洗ったうえ、他の動物がその臭いをきらって寄りつかないように、小便をしかけて巣の中に隠しておく、とかといったのを除けば、まったく、人間とシャボテンだけだ、といっていい。

それどころか、ものの貯蔵の方法が、精緻をきわめた設計の上に立っていて、徹底した合理性を持っている点では、シャボテンの方が一段と上手《うわて》なのだ。

たとえば、世界の都市は、だんだんと慢性的な水不足に悩まされて、解決のメドが立たない状態に追いこまれている。「東京砂漠」などという言葉も、いつしか耳なれて、あまりきわだって響かないようになった。東京ばかりじゃない。世界のおおかたの都市に、この言葉が適合しそうな気配になりつつあるのは、ご承知の通りだ。

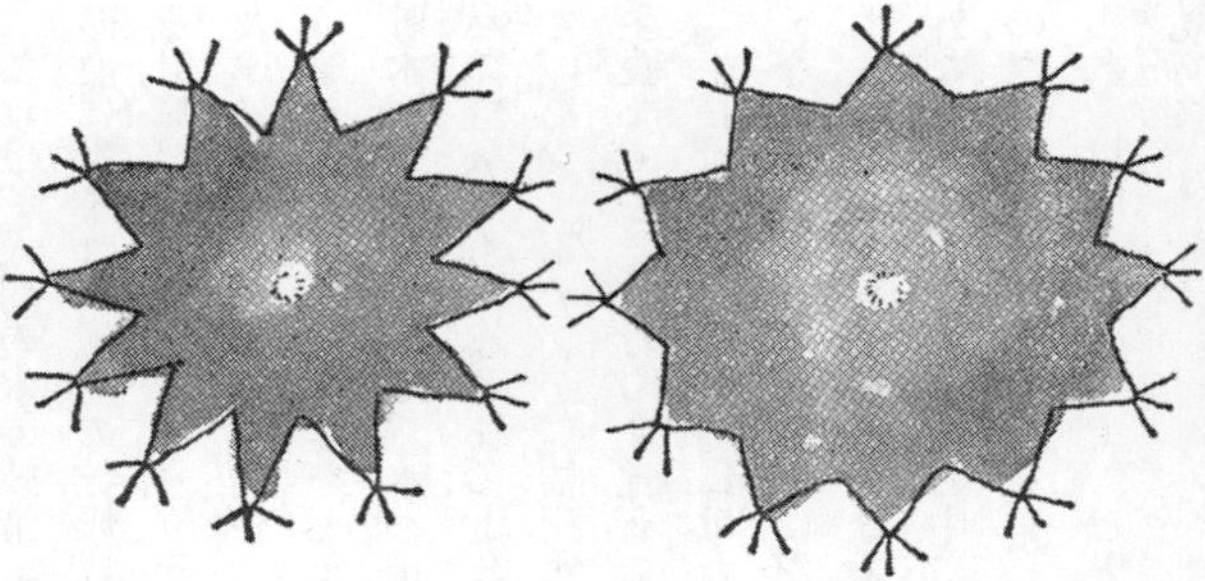

シャボテンの茎の切断面
（左）水を消費した場合　　（右）水を貯蓄した場合

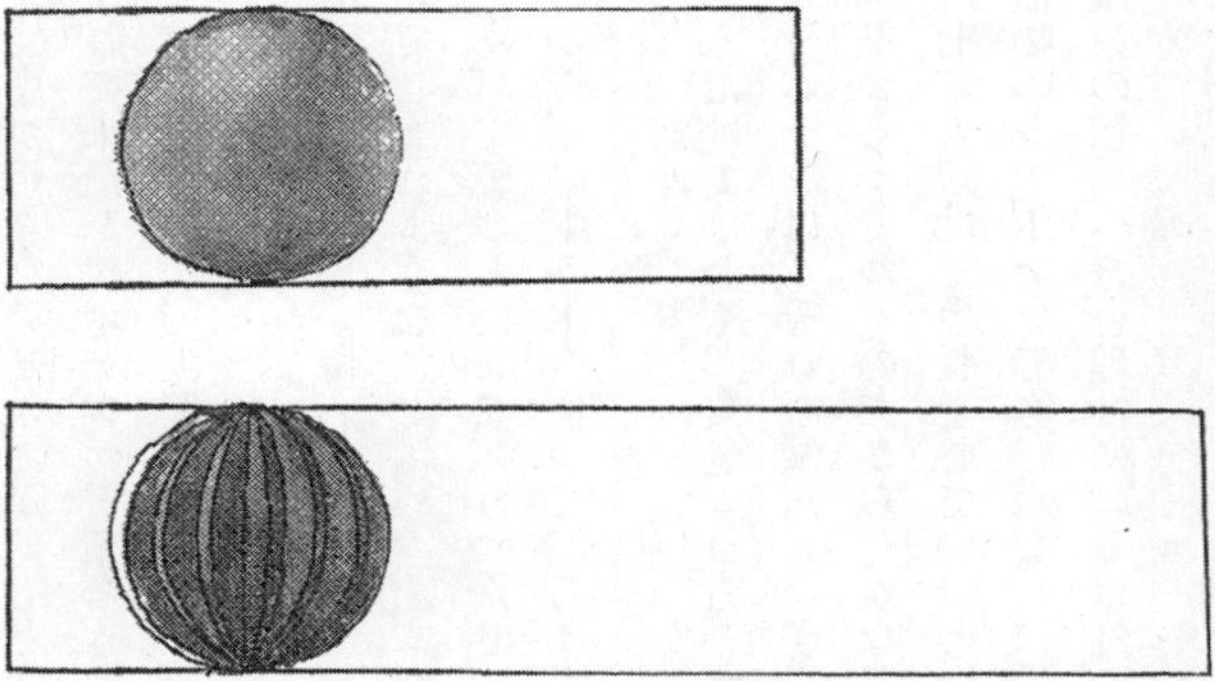

球体の表面積と蛇腹型の表面積の比

これは、人間の水の政策に手ぬかりがあるか、知恵が足りないせいだが、もともと砂漠に生まれ、極度の乾燥に適応して、それになれて来たシャボテンの、精密きわまる計算と設計の上に成り立っている水政策の驚くべき合理性は、人間の科学がソレに及ぶには、まだまだ程遠い。

シャボテンは、二年や三年、あるいは五年、砂漠に一滴の雨が降らないでも、その貯水池をカラにして、水不足で立ち枯れて、死んでしまうようなことはめったにない。私の経験でも、まるまる七年間、木箱の中に抜きあげて転がしたまま、うっかり忘れていたシャボテンが、枯死するどころか、自分のからだの中の水を使って、ちゃんと生長までしていたのを覚えている。

「生長」とは、学問的にはただ伸びて容積が増えるだけではなく、質量（目方）が増えなければならないことになっているのだが、シャボテンは、それを減らしながら、生長部でちゃんと細胞を分裂増殖させて、新生部をつくってゆくのだから、かなり例外な存在だ。それを箱の中に根もなく転がって、七年も続けて生長をしていたというのだから、驚くにたえる。しかし、いかに砂漠植物のシャボテンでも、水なしに生きられるはずはないので、ひとえにこれは、水の政策の驚くべき合理性による以外の何ものでもない。

シャボテンと双生児の人間は、この点ではシャボテンに学んでいい。
どこにその秘密はあるか？

今なお進化を続ける

人間は、二千年ぐらいでは、あまり変化しないといわれている。変化しない、ということは、必ずしも進化しない、ということではないので、人間はこの二千年の間に、確かに、多少は進化している。

「進化」というのは、不可逆的な変化のことで、決して、もう一度元へは戻らない変化だ。時折、元に戻るように見えることがあっても、それは、螺旋階段を一と廻りして、元の「方向」に向かったというだけのことだ。元に戻ったように見えても、一段と次元の高いところにのぼっている。

他の動物とちがって、人間は「幸福」と「不幸」を敏感に嗅《か》ぎ分けて、自分の足を「幸福」の方向へ向け、それに向かって歩いてゆくことが出来る、という能力を持っている。この能力の第一歩を発動する前に、しばしば「反省する」という心の動きがあるわけだが、これも、人間しか持っていない能力だ。動物にも、これに似たことはあるが、それは条件反射の累積にしか過ぎない。たびたびヒドい目に会うと、それを避けるようになるとか、たび重なってうまい思いをすると、よろこんでソレに近づきたがるようになる、といった動きだ。

これはしまった！　と反省して、元の道へ引っ返す時には、一段と高い次元のところにのぼっている、というのが人間の場合の反省だ。

ここでは、しかし、直接進化の話をしようというのじゃない。なぜ人間は（そしてシャボテンも）進化するのか、その進化の原因になるものを追求してみようというのだ。何につけても、原因なくして結果はないからだ。そして、その原因というのは、ほかでもない、環境の「変化」だ。

しかし、人間の場合は、その環境の変化を人間自身が手伝うこともあるので、そういう変化を求める人間の心の動きも、問題になる。

それにしても、人間はなぜ、こんなに変化を求めるのだ？

そのために、なぜこんなに忙《いそが》しく、あわただしいのだ？

なぜ、息せき切って、いつも走りまわっていなければならないのだ？

なぜ、建築の様式を前よりも新しくするのだ？　なぜ、衣類の意匠を、年々変えるのだ？　なぜ去年のパラソルの柄の長さが、今年は通用しないのだ？　なぜ自動車の型を、しょっちゅう新しいのと変えるのだ？　なぜプロペラの飛行機を、ジェット機に変えるのだ？　なぜ、男の髪の長さや女の眼のまわりのお化粧が、昔と変わったのだ？　なぜ、ミニスカートをロングに変えるのだ？　なぜ、こういう変化のスピードを、年々せきたてられるように早くするのだ？

なぜ人間は、眼の色をかえて、あわただしく、こういう変化を追っかけるのだ？

生活の科学的合理性を求めて？

それもある。しかし、そればかりでもない。

大局的には愚かな商業主義に追い立てられてか？

それも大いにある。しかし、そればかりでもない。

この、何かそういう本能をでも持っているかのように、人間は次から次へと新しい変化を求めて、息せき切って駆けまわっている。他の生きものに見られないその本質の原因は何か？

ただ一つの答えは、こうだ。

それが人間の、つまりホモ・サピエンスの宿命なのだ！　この変化が、ひいては人間をとりまく環境をも少しずつ変化させ、その環境の変化が、畢竟《ひっきょう》、人間の不断の進化とつながって来る。「自然」の環境の変化が、わきからそれを手伝うことは、いうまでもない。
人類は太古、樹の上で遊んでいるオランウータンやチンパンジーやゴリラから別れて、地上に降り立った。その前のケモノの頃は、四つ足でノソノソと地面を匐《は》って歩いたが、やがて類人猿時代になると、時々樹から降りて、地面に立った時は三つ足、つまり片手をついて、重心を三本肢《あし》で安定させて歩いた。

四つ足も三つ足も、これは安定したからだつきで、地面を歩くことが出来る。四輪車と三輪車の安定の度合いが、いい例だ。

さて、進化して「人類」となって木から降りると、二本足ですっくと立って、四つ足や三つ足で匐《は》い匐《は》いするよりも、遠くの方を見て歩けるようになった。ただ、この二本足というのは、重力の安定を欠くこと二輪車（自転車）と同じで、ただジッと立っているのには不向きだ。自転車は、ペダルを踏んで走らないと、倒れてしまう。走り続けさえすればきわめて安定して、気持よくスピードを出せる。二本足の人間もまた、足を交互に動かして歩きまわると、安定もいいし、幸い遠くまで眼がきくので、今までよりもずっと、関心の範囲を広げて行動することが出来て、その上快適だ。幸い、三つ足暮らしからあしを洗って、両手があいたので、危険から身を守るのにも、都合がいいし、自然の練習で、手指の使いかたも巧妙になって、道具をつくることのきっかけにもなった。

生活の関心圏がひろまるのと、行動圏がひろがるのとは同時で、それはまた、歩行のスピードを早めるのを刺戟したのも至極自然だ。歩きまわる先々で、経験する色んな変化が累積して、それが多くの知識となって定着する。生活にとってもそれは有利だし、よろこびも大きい。これに味をしめて、——人間は遂に、今みたいに、次から次へと新しいものを追っかけまわし、際限なくスピードを求めて、狂奔するようになった。もとはといえば、類人猿に別れを告げて森を出て、つまり樹から降りて、二本足で地面に立つようになった因果応報なのだ。

外来する変化と、それに吊られて起きた内がわの変化の交錯の上に、進化が行われて、今日《こんにち》の人間が出来たわけだが、もう一つ、この進化を手伝ったのは、血の交雑だろう。雑種は純系よりもしぶとくて丈夫だ、という原則に従って、人間の歴史の変遷の中でも、雑種が図迂々々《ずうずう》しく生きのびて、現在の人種分布図が出来あがったといえよう。本当の純系は、とうの昔に滅びてしまっているのだ。

アメリカ人は、——多くの人がそれを経験したのだが、暑さにも寒さにも強い。敗戦直後、占領軍のアメリカの兵隊は、夏もりりしい軍服姿で、汗をかかないし、冬も、暑い外套を着て、背を屈《かが》めてポケットに手をつっ込んだりするようなみすぼらしいマネをしないので、私たちは驚いたものだ。占領直後で、軍隊の偉容上にも、多少身なりにキビしかったのだろうが、それだけじゃない。暑さにも寒さにも、あまりこたえないのだ。

理由は簡単だ。

彼らは雑種なのだ。つまり、進化論的にいえば、アメリカ人は新しい人種なのだ。

そのことを、その文化がまた、よくものがたっている。

こういえばわかる通り、人間の進化を手伝っている一つは、人種の交雑だ。そして、自然的環境と、自分でつくった環境の変化に対する適応だ。

人間は、あらゆる生きものの中で、まったく別あつらいの新しい生きもので、その生きかたの模範を、「自然」のソレから取るだけでは片付かない、ということは、人間がまだ進化しつつある未完成な生きものであることを意味する。もっとも、その進化というのも、じつは「退化」に過ぎないのではないか、という説もある。もっともな疑いだが、医学の進歩で、人間がちょっとでも長生きするようになったのは悲劇だ、というのに似ている議論だ。血の交雑をやめて、純系を保って、人間は早く滅びた方がいい、と主張するものがいたら、それは、ツムジが曲っているかヘソが曲っているかお尻が曲っているか、それとも、その三つともが曲っているのだろう。

さて、人間はそうだとして、それなら、他の動物や一般の植物はどうだろう。キツネはキリストの頃から、同じ毛皮を着、同じ穴に住まっているが、二千年たった今のキツネも、べつだん昔と変わっていない。ライオンもトラもイヌもネコも、そうだ。「種《しゅ》」が固定しているからだ。

植物の場合はどうだろう。

千年前の松と今の松は、ちがうだろうか。屋久島には、樹齢七千年、あるいは一万年ともいわれる老杉があるといわれるが、その杉と今の杉とは、どうちがうか？同じだ。

これも「種」が固定しているからだ。

ところで、シャボテンは？というと、これは、双生児である人間と同じように型破りで、まだ「種」が固定せず、今もなお進化を続けている、というのは面白い。

私が流行作家にイヤ気がさし、文壇の派閥に背を向けて、日向《ひなた》ぼっこをしてオモトいじりをする年寄りのように、シャボテンをいじくり出して、だんだんと首ったけになって行ったのは、今からおよそ四十年前からだが、その頃自生地の砂漠から送られて来た植物と、同じ名前でこの頃同じ自生地から届く植物は、すでにもはや、少しずつ変って来ているのに驚かされる。

もっとも、この変化というのは、必ずしもそれだけ四十年の間に、シャボテンが進化した、というのではない。もともと「種」というのは、学問上の便宜から、植物を分類するにあたって、ある区域の中に生えていて特徴の共通したものを、出来るだけ小さな範囲にまとめて、勝手に植物学がつくった一群、または一団体の、植物の総称みたいなものだから、特徴がもっともはっきりした典型植物《タイプ・プラント》を中心にして、そのほか色々変化があって、その変化のはしっこが分布範囲の局限となって、それに隣接《リレート》した別の「種」へと続いている。だから、同じ学名で呼ばれている植物の中にも、分布地の都合で、色々ちがいがあるのは当然のことになる。

四十年前に送られて来た植物と、学名は同じでも、幾らかちがった植物が届けられても、不思議ではないわけだ。

しかし、そういうのではなく、その分布地域に、前の植物はもう見つからなくって、それとは幾らかちがう植物になってしまっている場合が、少なからずあるのだ。そうなると、これは、同じ「種」の中のちがいではなくて、進化したのだと見る方が、妥当になる。しかも、そういう植物は、たいてい、それと続いて隣接《リレート》するちがう「種」との、雑種の面影を、色濃く持っている。つまり、純系は弱くて滅び易く、雑種は丈夫でのさばり易い、という原則に従って、純系の（とまあしておくが）古い植物は消えてなくなって、雑種があとに残って、わがもの顔にはびこっている、と解するのが自然だ。

純系種が滅びるのは、この場合、気象の変化などに適応性が乏しい、ということが、主たる原因だが、その気象の変化というのは、たいていの場合、より乾燥が甚だしくなることで、ここでもわかる通り、地球は刻々、乾燥の度をより強めて行っているのだ。「東京砂漠」が年々甚だしくなってゆくなどというのは、単に象徴的な表現にとどまらない。世界は年々乾燥して行っている。この頃の若者はドライだ、などというが、その前に、地球がドライになって行っているわけだ。

ここで、一言に定義づけると、「進化」とは、そもそも生物が、より乾燥に耐えるように変化してゆく、ということになる。「進化」による変化は、不可逆性で、元に戻らないから、一時的に、何かの事情で、乾燥への進行が一時的に逆転して、その区域に雨が多く降って、今までよりも湿気が多くなるようなことが稀れにあっても、(そういうこともないことはない)今度はその新しい事態に適応して、植物が変化する場合には、前とはちがう方法をとって新しく進化する。こういう場合の放れワザの巧みさは、眼をみはるばかりだ。人間は、どんな生きものも及ばない悪知恵にたけた動物だが、シャボテンもそれに劣らない。もっとも、そういう悪知恵にたけていないと、人間も人生の砂漠には生きられないし、シャボテンも、砂漠で一族をはびこらせるわけにいかないのだ。世の中に悪知恵ばかり残るのは、しかたがない。

要するに、人間ははじめから心に荒涼たる砂漠を抱いて生まれ、シャボテンは荒涼たる砂漠の環境に生みつけられて育ったので、どちらも、もともと、荒涼は性《しよう》に合った生きものなのだ。だから、この双生児にとって、「荒涼」はもはや「美」なのであって、生きる知恵とは、ここでは「荒涼の美学」にほかならないのだ。

植物のいろごと遊び

命をかけた必死の遊戯

法華経の中に、こんなことが書いてあるという。

ある時、ホトケさまにお弟子さんがたずねた。

「人間は、何のために生きているのでしょうか?」

すると、ホトケさまがお答えになった。

「人間は、この世で遊びたわむれるために生まれて来たのだ」

うんぬん。——

私は『維摩経《ゆいまきよう》』と『大般涅槃経《だいはつねはんぎよう》』は読んだことがあるが、かなり難解らしい『法華経』は読んだことがないので、あまり正しい、詳しいことは知らない。しかし、経典の中で、ホトケさまの思想の一番深奥のことは、この『法華経』の中で語られているといわれ、この『法華経』の中で、人間の生きかたのかなり深い機微が、このようなかたちで語られていることに、ひじょうに感銘と興味を覚える。「人間は遊びたわむれるために生まれて来たのだ」ということは、この頃そちこちで、わりに軽々しく口にされている「人間の生き甲斐」の問題を、ひじょうに深い精神で、おごそかにまじめに語っている、と思われるからだ。いったい経典は、バイブルと同じように、人間の生きる哲学を描いた「詩篇」で、美しい曲をつけて、朗々と謳《うた》うのにふさわしい。時には素朴に率直に力強く、時には柔かく婉曲に繊細に、時には絢爛豪華に、時には厳粛冷徹な言葉で表現した詩篇で、ほとんど「詩美の極致」という域に達している。「遊びたわむれる」というのと、一見対蹠《たいしょ》的にとれる言葉に、「勉強」というのがある。言葉を分解すれば、「強いて勉《つと》める」というほどの意味あいで、イヤなことを無理にツトめて、我慢して行うということだ。この言葉も、今は心易だてに気軽く扱われて、本来のキビしい意味を、なくしてしまっている。

さて、すべての生物が生物である条件の一つは、繁殖してその種属を維持する、ということだが、この繁殖とはむろん生殖のことであり、この生殖という行為の中に、とりわけ人間の場合には、どうやら、「遊びたわむれる」という要素がはいっているらしい。この要素なしに生殖があったら、それはもう人間ではなくて、——つまり、人間離れして、ただの生物、たとえば植物や動物になってしまう。
という議論が正しいか？

たとえば、植物の生殖には、遊びたわむれるという要素が、はいっていないか？

トウモロコシの例をとってみよう。

幾段にも左右に、逞《たくま》しく葉をひろげたトウモロコシの太い丈夫な茎のてっぺんに、ススキの穂のようにひろげてしだれるのは、雄花《おばな》で、下の方の葉腋にサヤのように包まれて、無数の毛を生やしているのが、雌花《めばな》だ。雄花から煙のように、「億」の単位で降って来る花粉の、その微細な一粒が、雌花の毛の一本（それが雌蕊《めしべ》だ）につくと受精して、一粒のトウモロコシの実になる。こういう受精のたくさんの寄り集まりが、一房《ふさ》のトウモロコシの房になるのだ。五百粒のトウモロコシがみのるためには、五百本の毛に、それぞれ一粒ずつ花粉がつかなければならない。

しかし、そこらへ降りそそがれる花粉の粒の数は、今いったように「億」の単位だ。トウモロコシは栄養がよく精力が盛んならば、一本の茎に幾房もの実がつくし、花粉は隣接の株からの応援も入りまじるので、お互いに混淆《こんこう》し合うから、関係は複雑になるが、ソロバンをはじけば、花粉の数のおおかたがムダ使いされていることだけは、誰にもうなずける。「自然」あるいは「神」の企画が、こんなムダをするというのは、いったい何を意味するのだろう。「自然」の中に「神」の意志が住んでいて、その力が全知全能であるならば、植物にとって必死の意義をもつ「生殖」にあたって、こんな、闇夜に弾丸《たま》をためし撃ちするようなムダを避けて、単刀直入、雄蕊《おしべ》と雌蕊《めしべ》を直接くっつけて――いや、それも面倒だ、雄雌《おすめす》なしに、いきなり種子を結ばせる、というわけにはいかないものか?

さわやかに晴れた夏のある朝、そよ風の中で陽が輝き、あらゆる緑が生き生きと躍動している時、王冠の羽根飾りのようにひろげたトウモロコシの雄花から、金色に輝く無数の花粉が、空間が煙ったく霞むほど降り散って、風に渦巻き、躍り、また舞いあがって、銀髪や赤毛を水水しく、生き生きと振り乱して躍動している雌蕊《めしべ》に降りそそぎ、これを包んで、互いに青春の乱舞をする。この中で、植物の必死の願望である受精がいとなまれ、生殖の意義を遂げる。――

これは禾本科の風媒花であるトウモロコシの場合は、そうだが、一般の花、虫媒花の場合は、花粉交配の粋《いき》な役割を、色んな虫が引受けてくれる。

それにしても、花糸(雄蕊)が成熟して、「葯《やく》」から花粉があふれ出すまで、また、雌蕊が成熟して、柱頭の受精能力が最高の状態になるまでのそれぞれの経過は、「自然」の(あるいは「神」の)企画が企画通りに進められて、その通り運んだのに、ここで、とたんに、風まかせ虫まかせの、出たとこ勝負の「運」だめしにほうり出されて、無数の花粉の粒のどれかが、選択もなしに、やみくもに雌蕊の柱頭にくっついてまんまと受精して種子を結ぶ、という、千番に一番のかねあいのような「偶然」の手に、一切ゆだねられるというのは、いったい、どういう仕組みなのだろう。これが「自然」の（あるいは「神」の）たわむれだとしたら、雄蕊にとっても雌蕊にとっても、その種属の命運をかけた必死の願望が、何という痛ましい翻弄《ほんろう》を受けたことになろう。

人間の場合は、一応「恋愛」というような形式で、相手を多少選択するゆとりがある。肥った人は痩《や》せた人に、小さい人は大きい人に、赤い顔は青い顔に、黒い顔は白い顔に、情緒的な人は理性的な人に、ケチン坊は鷹揚な人に、貧乏人は金持ちに、――というふうに、これは遺伝の片寄りをコントロールして、種族を訂正するための「選択」を意味して、進化と連関するはたらきをする仕組みで、これに似た傾向は、人間以外の動物にも多少見られるが、植物にはない。

要するに、精子が泳ぎ出して卵子にたどりつくまでの極微《ミクロ》の世界の長い旅路は、運まかせ天まかせの「偶然」の手に、一切ゆだねられて、結果がどうなろうと、「運」以外に苦情の持ってゆきようがないということだ。

いったい、「自然」や「神」の支配圏にも、限界があるのだろうか。それとも、これは「自然」や「神」のたわむれであって、そのたわむれのおすそわけを、動物や植物も受けている、というだけのことだろうか。それにしては、これはその種族の命運をかけた必死のたわむれであり過ぎる。

もっとも、この世の中には魔訶《まか》不可思議な「運」のつきというのがあって、一度福の神か貧乏神に見込まれて、おしりにとりつかれると、まといついてしまって早速には離れない。神さまもおシャカ様もご存知ないこの「運」のつきを、何億という花粉や精子の中から一つだけ、その眼で見つけ出して、いちばんつきのいい子孫を、世の中に残してやろうとの、慈悲深いおぼし召しと、とってみたらどうだろう。

しかし、――とすると、いよいよ「自然」や「神」の支配圏にも限界があって、そこには、あらかじめ書かれた筋書がない、ということの証明になる。

それにしても、運のつきということを考えると、人間の場合でも、「私は生まれつき運がわるくて」などということは、めったにいわせられない。人間では、一回に泳ぎ出す精子の数は、四億以上といわれており、数年に一回妊娠するということを勘《かん》定《じょう》に入れると、じつに数百億の精子の中のただ一つ、申しぶんなく元気のいいのが、驚くべき幸運に恵まれて、卵子を射とめるということになる。誕生にあたってのまず最初の、この運のつきを考えると、「不運」どころの話じゃないことがわかる。宝クジのどんなわるい当選率でも、この数字にははるかに及ぶまい。この世でも、まったく類のない幸運を生まれつきつかんだとしか、いいようがないわけだ。

私は詩を書いているのじゃない。

最も興ざめな、唯物論的解釈で、人間の生き甲斐について、ホトケさまの教えの機微に触れようとしているので、その便宜上、トウモロコシの話を持ち出したわけなのだ。

雌《めす》と雄《おす》の植物

シャボテンは虫媒花だから、花粉の媒助はもっぱら虫がやってくれる。シャボテンは、トゲの色彩やかたちがパッと派手で美しいのや、わりあい燻《くす》んで目立たないじみなのがあるが、色彩が派手で美しいシャボテンの花は、わりにじみで目立たないのが多いし、反対に、じみで目立たないシャボテンは、派手で華やかな花を咲かせるのが多い。シャボテンの花の花びらは、細胞の粒子が大きく、その上、その細胞液に光線の屈折率の高い何か塩類のような物質を含むらしく、太陽光線があたると、その一粒々がダイヤモンドのように輝いて、単に、あらゆる色彩の変化があるばかりでなく、金属性のように光って目立つのが多い。植物の花は、一つの科や種の中では、何かの色彩が欠けているのが多い。たとえば、アサガオやボタンには、黄色や緑がないか少ないし、バラには青や緑がない。シャボテンはその点、虹の七彩の変化が残らずそろっているので有名だ。

また、花の大きさについていえば、世界でいちばん大きい花というのは、スマトラのジャングルに咲く寄生植物のラフレシアなどで、これは直径一メートルに近い。その次に二番目に大きな花を咲かせるのは、シャボテンで、紐《ひも》状の細い柱シャボテンの『夜の女王』Selenicereus macdonaldiae や『夜の王女』Selenicereus pteranthus や、孔雀シャボテンのある品種などは、直径三十センチ近い花を咲かせる。

さて、これらのシャボテンの花が、花粉媒助のために虫を呼び寄せる手段としては、花の色彩や香りや蜜の用意などがあげられるが、昆虫学によると、蝶や蜂類の眼には元来色彩感覚が欠けていて、花は一様に白っぽく灰色に映《うつ》るはずだ、という説がある。こうなると、すべての花のあの千紫万紅華やかな彩《いろど》りも、はなはだ精彩を欠いて、味気なくなるし、そういう美しい花の色彩は、いったい誰のために工夫されたものか、わからなくなる。人間は自分の眼を楽しませるために、色々と交配のテクニックを凝《こ》らして、より色彩の美しい、より大きい花を作り出そうと骨を折っている。しかし、植物自身は、人間の眼を楽しませるために、花を咲かせているのではないことは、ご承知の通りだ。

まして、人煙まれな砂漠の、はるかに人影もない世界で、季節々々に、絢爛豪華な花を咲かせているのだから、せめてその色彩が虫の興味を惹《ひ》きつけられでもしたら、まだしもだが、それもないとしたら、この色彩の遊戯の、何というムナしさだろう。

花というものは、それ自身としては、かくのごとくムナしいものだが、しかし、一方香りや蜜の助けで、花粉媒助の目的は遂げられるのだから、それはそれで、役目を果たしているわけだ。

ところで、シャボテン（カクタス科のほか、広い意味で、その他の多肉植物 Succulent Plants をも含めて）の中には、雌雄異株の植物が若干ある。雌の木と雄の木があるわけだ。他の植物の場合でも、たとえばイチョウとか、サンショウとか、雌と雄とが別々の植物が色々あるが、シャボテンの場合には、砂漠植物としての進化の度合いと、これは連関があるので、ちょっと面白い。つまり、砂漠植物進化が進みに進んだあげくに、雌雄異株の植物になったというわけだ。

カクタス科の植物の場合には、それは少なくて、やや不完全な雌雄異株である『単独丸』Mammillaria dioica があるていどだが、カクタス科によく似た砂漠植物的変化をとげたトウダイグサ科のユーフォルビア属の植物などには、その例が少なくない。

この、砂漠植物的進化というのは、環境の砂漠化が進んで、その乾燥度がだんだん強くなってゆくのに適応して、植物がそれに耐えるように変化してゆく、というようなことではなく、乾燥度も高度になってゆくが、その間に雨が挟まって、それが不定期になったり、集中豪雨のような激烈な雨量で、一時的にひどく多湿になったりするような、環境の乾湿の変化が、だんだん激烈になったりすることで、一本の植物の体制ではこれに対応することが困難になる。こういう変化に適応して、植物が進化することで、植物はこういう場合は、雌雄異株になる傾向があるらしい。雌雄異株の方が、受精の経過が複雑だから、植物は突然変異の機会に、より多く恵まれるらしく、そのために、それから後の環境の変化に一層適応し易いような、新しい形質の変化が植物に現れ易い、というようなことかもしれない。すべて進化とは、突然変異と自然淘汰による遺伝的な変化で、一代のうちに獲得した新しい形質は、決して遺伝しない、というのがダーウィンの説だ。しかし、これには一部に異論があって、一代のうちに獲得した形質、こう行った方が生きる上で都合がよい、というような新しい「知識」や「希望」まで、進化のメカニズムの中にとり入れられているにちがいない、といった説もある。比較的短い期間に、あまりにも合理的に都合よく、そしてダムも少なく、進化が進み過ぎている、という疑惑と解釈からだが。

しかし、人間の場合には、そのことは充分あり得る。人間は「幸福」と「不幸」を識別して、その原因をさぐり、理性と意志をもって、「幸福」の方へ足を向けて歩を進めるという、新しい能力ある生きもので、結婚の相手を自分で選んで、だんだんと「種《しゅ》」を訂正してゆく、ということが出来る。新しい環境に適応してゆくための進化を、突然変異と自然淘汰という手段に、ダーウィン流儀にまかせないで、その持っている経験と知識と理性と意志で参画して、ムダなく能率よく、それを進めることが出来る。こういう能力を、ホモ・サピエンスは、原人から類人猿からその先へとさかのぼるどこで、獲得したか？　もともと動物にも植物にもなかったものが、なぜ、今あるのか？

それとも、これこそが、ホモ・サピエンスをホモ・サピエンスたらしめた「突然変異」と、いうべきなのだろうか？

雌蕊と雄蕊を両方もっている両全花の植物から、雌雄異株の植物にまで進化する途中に、一本の植物で雌花と雄花を別々に咲かせる、中間の段階の植物もある。そこらの畑で見かける瓜科の植物の、カボチャやスイカやメロンやキュウリなども、それだが、砂漠植物の中にも、そういうのがある。やはりそれは、砂漠植物として一段と進化した部類で、その環境は激しい乾燥と豪雨がかわるがわる、そして、しばしば不定期にやって来るスコール地帯のようなところだ。たとえば、ヤトロファ属 Jatropha の植物などがそれだ。

ヤキモチの応用学

雌雄異株の植物が受精して、種子をみのらせるためには、雌木《めすき》と雄木《おすき》がなければならないことは、人間の場合と同様で、当然のことだが、雌蕊と雄蕊を両方いっしょにそなえた両全花の植物でも、シャボテンの場合は、同じ一つの花の中の、あるいは一本の植物の中の別々な花同士の、雌蕊と雄蕊の間では、受精が行われないことが多い。こういう近親結婚は、人間の場合と同様に、植物の場合もよくないらしく、自然とそれを避ける仕組みになっている。だから、たいへん珍らしいシャボテンを一本持っていても、一本だけではたいてい種子を取れないわけだ。

雌花と雄花を一本の木に別々に咲かせるヤトロファなども、同族結婚は避けたいらしくて、雌花と雄花の開花期や、雌蕊と雄蕊の成熟期を、互いにうまくずらし合って、自家受精しにくいような仕組みにしてある。しかし、この同族結婚のタブウよりも、子孫を残す事業の方がもう少し重要な場合には、ちがった枝先などに、どういう都合か雌花と雄花が、開花期をズラすのを忘れて、いっしょに咲いたりすることがある。そういう時に、雌蕊と雄蕊が同時に成熟したのに乗じて、無理に人工授精をほどこしたりすると、イヤイヤそうに雌花は受精して、種子をつけることがある。そういうのはしかし、うまく果実が成熟しても、果の中にシイナが多かったり、うまく種子が取れても、それを播《ま》くと、一人前に育ちにくいひ弱な苗になったりして、故障が起きがちなのは、やはり自家受精は無理なのだろう。

ところで、オカしなことがある。

何か珍らしい植物を一本だけ持っていて、それが雌雄両全花で、ちょうど一輪花を咲かせた、というような場合に、特殊なテクニックを応用して、うまく種子をみのらせる方法がある。私たちはそれを、植物の「ヤキモチ」を応用して、子を作らせる、というのだが、それは、その両全花の雌蕊の柱頭がよく成熟して、受精力が最も盛んな時をとらえて、その植物とはまるでかけ離れた、どうかすると属どころか科までちがう植物で、決して交雑種が出来る心配がないようなのを何でも選んで、折から咲いているその花から、花粉をほんのちょっとばかり頂戴して来て、成熟してひらいているその雌蕊の柱頭へ、触れさせてやる。そうしておいてから、自花の成熟した花粉を取って、重ねて同じ柱頭へ、それを塗りつけてやる。すると、不思議なことに、自家受精しないはずのその花が、タブウを忘れて、その花粉を受けつけて、受精して種子をみのらせる。果実にはシイナが多く、往々種子の数も少ないことが多いが、たった一本の植物から、ともかくちゃんと種子が取れるわけだ。

　この謎の秘密は、いったい何だろう。雌蕊の柱頭に雄蕊の花粉がついた場合は、その花粉のホルモンが活動して、まず花粉から花粉管をのばして、雌蕊の柱頭から花柱を通って子房にまで続き、その中を雄の精子が通って子房まで届いて、卵子に接触して受精が遂げられる、という仕組みになっている。ところが、自花の雄蕊から出た花粉が自花の柱頭についたのでは、ホルモンが活動しないので、花粉管がのびない。その花粉管を伸ばすためのオトリ政策として、ぜんぜん違う他の花粉を応用する、というわけだ。その花粉管を通して、あとからほんものの、自花の花粉が素早く子房へ忍びこんで、うまく受精させてしまう、――といった仕組みなのかもしれない。

　怪しい理屈だが、この手段で、じっさいに、自家受精しないのを巧みに誘導して、受精させて、自家の種子をとることが出来る。百発百中とはいかないまでも、かなり高率で成功する。

人間にも、これに似た場合があるのを、うなずかれる向きもあろう。子供のない夫婦仲で、やむなくもらい子をして育てて、淋しさをまぎらしていると、ひょっこり、意外な時節に妻が妊娠して、実の子を生み、もらい子が邪魔になったりすることが、よくある。こういうのを私たちはまた評して、こう陰口するのだ。

「彼女の子宮がヤキモチを焼いたのだ！」

と。

植物も人間も、こういうことになると、似たりよったりのことをするものだ。というのは、生殖とは、畢竟《ひっきょう》、人間の中の「植物」がやることなので、理屈はどちらも同じなのだ。だから、植物の色ごと遊びというのも、人間のそれと、別段区別つけることはないのだ。

アンデスの孤独

水罠・砂漠で水をつくる

いうまでもないことだが、すべての生物は水なしには生きられない。人間もそうだ。だから、古くから、人間の集落と文化は、いつも、水に縁のあるところからはじまった。ナイル河の岸辺に栄えた古代エジプト、メソポタミア平原の、チグリス・ユーフラテス河の近くに跡をとどめるウルや古代バビロニア、インダス河や黄河の流域に興亡の歴史を繰り返したインドや中国の諸都市、ことごとくその例外じゃない。しかし、水とまったく縁がなげに見える現在の砂漠も、必ずしも昔から砂漠だったわけではないし、これから先も永遠に砂漠であるとは限らない。地殻は常に変動しているのだ。

さて、あらゆる生物は、自然の「部分」として、自然を変換《へんが》えしないで生きて来たのに、ホモ・サピエンスの子孫だけは、まったく特別な生きもので、不逞にも自然を変換えして生きようとしている。何をしでかすかわからない人間は、地殻を変えようとし、砂漠を砂漠でなくするたくらみをして、それに手をつけている。

地球の表面の四分の三は海で、残りの四分の一が陸地だが、この四分の一の陸地のうち、そのまた四分の一は砂漠で、人は住めないし、おおかた人生効用上何の役にも立たない荒れ地だ。この四分の一の砂漠を緑地化して、人間が住めるようにするか、少なくとも何か生きる上に役立てられたら、将来、人口を相当陶汰しないと窮屈になる地球の住み場を、それだけ拡げられることになる。すでに、戦後国連を背景として人類的な活動をしているパリのユネスコの本部には、乾燥地対策委員会というのが出来て、サハラだのネゲブだの、その他世界の色んな砂漠で、緑地化の研究が進められている。

緑地化とは、一と口にいえば、砂漠に植物を茂らせることだが、中には、ごく特殊な例外として、砂漠でも、地下に貴重な地下資源を埋《うも》らせているので、人生効用上結構役に立っているような場合も、なくはない。中近東のアラブ諸国の石油などがそれだ。しかし、この地下資源も、それを掘り出す仕事は人間がするので、荒涼たる、そして炎熱焼くようなアラビアの砂漠でも、それなりに人が住めるようにしなければならない。つまり、一種の緑地化が必要なわけだ。

これらの石油国では、しばしば、飲み水は石油よりも高価なものとして扱われているくらいで、その緑地化、つまり、植物を茂らせるために必要な水をどうするかということは、当然、いつも大きな問題になる。うまく水源地を見つけることが出来て、多少遠くても、必要な場所まで水を引いて来れれば、何しろ地下資源が豊富で、経済のゆたかな国だから、いたれり尽せりの施設をすることが出来る。古代バビロニアの時代には、王宮に『空から懸垂した庭園』というのがあって、豪華な宮殿の高い庭のいたるところに滝をほとばしらせたというのは、有名な話だ。しかし、まったく水に縁のない土地を、人が住めるていどに緑地化するということは、容易なしわざではない。飲み水ぐらいはタンク車や何かで運搬するとしても、庭を芝生の緑で飾ったり、陰の濃い植えこみで家を囲ったり、街路樹を茂らせたりするような贅沢《ぜいたく》は、ちょっと望めない。炎熱がギラギラと眩《まぶ》しいかげろうになってなびく街路は、何の緑もなく、さえぎるもののない砂漠のかなたへ、はるかに糸のように続いているだけだ。

人間の知恵が、ここへ街路樹をつくった。

それは、こうだ。

どんなヒドい砂漠でも、ちょっと地面を掘ると、わずかばかりの湿《しめ》りはある。そこを掘って、乾きに強い性質の木を植えて、その幹《みき》の根元に、地上数十センチの高さに、ゴロタ石をピラミッド型に積みあげる。それだけでいいのだ。

夜が来て、やがて大地が冷え、それにつれて冷えた空気が夜風となって、地面をなぜて来る。荒涼として、ただ乾ききった砂漠でも、地上一定の高さの空気は、わずかの湿気を含んでいて、それが層をなして、風といっしょに移動する。神秘な自然のはたらきだ。木の根元にピラミッド型に積みあげたゴロタ石は、だんだんと夜気に冷えて、あけがた近くには温度が露点《ろてん》に達する。湿った空気の流れよりも石の温度のほうが低ければいいのだ。空気中のわずかの湿度はゴロタ石の表面に露を結び、ソコを濡らしてから、タラタラとしずくとなって石の間を流れ落ちる。むろん、ピラミッド型の石積みは、地べたの表面を一定の高さで流れる湿った空気の層まで、正確に高さが届いていなければならない。

この露のしずくの流れは、朝日がのぼって、その光りを浴びた石の温度が、空気の温度より高まるまで続き、また、この神秘な自然のたわむれは、毎夜々々繰り返されるので、このゴロタ石のピラミッドの下は、いつも適度な湿り気をとどめ、地中にその領域を拡げるので、それを追って、若木はだんだんと根をはびこらせて、遂に、地下の常住の湿《しめ》りのところまでそれを届かせる。こうして、街路樹は炎熱の砂漠のかなた、かげろうが燃える糸のような路すじに沿って、すくすくと育つというわけだ。この仕掛けを専門家は Water trap（水罠《みずわな》）と呼んでいる。

もっとも、この巧妙な仕掛けは、人間だけの専売特許じゃない。

もっとずっと早くに、ちゃんと植物が応用して、一と足先に、砂漠の緑地化にかかっている。

その前に、ちょっとことわっておくことがある。

砂漠は生長する

砂漠というのは、元来不逞な仕組みをもっていて、緑化しないでほうっておくと、まるでソレ自身生きもののように、自分で生長して、領土を拡げてゆく性質をもっている。

たとえば、それはこんなあんばいだ。

ソビエトのキルギス地区辺からカザフ地区辺へかけての砂漠、——例の有名なシルク・ロードが通っている辺の近くだが、その辺の乾燥はヒドいもので、砂漠に隣接した町や村では、朝くばられた新聞紙を、そこらへ置いとくと、夕方には、手の中で揉《も》み苦茶にすると、粉になって、パッと風に散ってしまうようなところがある。

こういう砂漠では、暑熱の激しい真夏に、もし南風が吹くと、砂漠を越えて来た乾燥しきった熱風が、砂漠の北がわの森や草原を、たちまちことごとく焼き乾かして、青いモノは一木一草もない焼野原《やけのがはら》の砂漠にしてしまう。北風が吹くと、今度は砂漠の南がわに、焼野原の砂漠を拡げる、というわけで、砂漠はただ生長の一途をたどる。何か昔のものがたりに出て来る、手に負えない妖怪のようなものだ。

こういう自然の暴力に対抗するただ一つの方法は、野山《のやま》を帯状に焼いて野火止《のびど》めをつくるのと、ちょうど逆ないきかたで、緑地化の帯で、砂漠をせきとめるわけだが、緑地化のために応用する植物は、何といっても、極度の乾燥と炎熱と、それに、しばしば冬の酷寒に耐える特殊な植物でないと、役に立たない。そこで、トウダイグサ科のよく繁茂する多肉植物 Succulent Plants などが選ばれるのだが、じつは、これに似たような厄介な砂漠は、世界の到るところにあって、そのことに気付かない人間の迂《う》闊《かつ》さに乗じてますます領域を拡め、人間の将来の住み場を、ますます狭めていっているのだから、油断は出来ない。

元来この砂漠というのは、地殻の地図面に比較的最近に姿を現して来た妖怪で、大部分、たかだか数万年の歴史を持っているに過ぎない。その頃、世界の各地で地殻の大変動が起きて、内陸が盛りあがり、しばしば海と隔絶した地域に、高原砂漠をつくった。もともと肥沃な密林におおわれたり、色んな植生にめぐまれた湿地や草原だったところが地盤ごと隆起して、海の湿気が届きにくい荒涼たる砂漠と化したわけだ。その砂漠が、そのうえ自分で生長する生きものだから、なおのこと始末がわるい。ついに、地球の上の陸地の四分の一の広さを占めることになった。

もっとも、かなりの種類の可憐な植物が、人間の手を借りないで、緑地化の第一線に立って、自力で砂漠とたたかっているというような場合もある。これらの植物がどういう仕組みで、勇ましく砂漠の暴虐とたたかって、領土をまもり、しばしばソレを拡げてさえいるか、そういう可憐な植物のたたかいについて、これから述べよう。

水は天からもらい水

南アフリカの南端ケープ州は、ほぼ南緯三十度近くから三十五度辺まで、東経十五度半から二十五度半にわたる広大な地域を占める高原砂漠で、年間雨量せいぜい百五十ミリから二百ミリていどの、荒涼たる乾燥地だが、ほぼその全地域の焼けただれた石礫の乾燥地に、小さい奇妙な植物が生えている。ザクロソウ科の昼花亜科《メセンブリアンテムム》に属する『生ける石《リビング・ストーン》』と呼ばれる一群の植物で、ただその一体だけをとりあげると、いずれもやっと指の頭の大きさで、石というよりも、色彩も形ちもほとんど宝石に近い、コノヒーツム属 Conophytum とかリトープス属 Lithops とかアルギロデルマ属 Argyroderma とかディンティランツス属 Dinteranthus などという、その他多くの属と、数百の種を含んで、まるで宝石箱を引っくり返したように色とりどりに美しいが、このうちたとえば、コノヒーツム属の『小紋玉《こもんぎょく》』Conophytum wigittae を取りあげてみよう。

この植物は、直径一、二センチぐらいの、頭が平たくまるまるした独楽型《こまがた》で、真ん中に長さ三ミリぐらいの小さい孔があいている。全体は明るい灰緑色で、スベスベした肌に透明な微小な点々があり、独楽型にすぼまった下部のほうが、よくピンクがかった紫色をボカして美しい。二枚の厚ぼったい葉が融合して球状になったので、その痕跡が頂面の小さな隙間のような孔となって、残っているわけだ。花はこの孔からつき出て咲いて、小さなタンポポに似ていてうす黄色い。元気よく生長すると、年々分頭して、多頭の株立ちになり、株全体としては、半球状にうず高くもりあがった形ちになる。

植物はすべて、生長につれて、古い葉は枯れて落ち、新しい葉がのびてソレに入れかわるわけだが、小紋玉の場合は、独楽型の球状をなした古い葉が、新しく中から伸びて来る新葉の上に、紙のように乾いた薄皮となって張りついて、袋をかぶせたように新葉を保護しながら、折から夏の長い長い乾燥期の激しい陽光の熱射や、容赦なく砂漠を吹き荒れる乾いた風や飛び散る砂埃《ぼこり》の攻撃から身をまもり、新葉がすっかり出来あがるにつれて、破《さ》けて、身をひいて、脱ぎ棄てられた古着のように、植物体の下部にうず高く積み重なる。植物は、こうして年々脱ぎ棄てた古葉の残骸を、分厚いクッションとして、その中にお尻を埋めて坐っているわけだが、このクッションは、だんだんと古くなるにつれ、フカフカと海綿のように柔かくなり、地面に接する下の方から腐って、有機質に富んだ腐植土に変わって、その辺の土を肥沃《ひよく》にしてゆく。植物は痩せ枯れた砂漠の石礫の間に坐ったまま、ちゃんと肥料を自給自足している、という寸法だ。

根は、きわだった主根もなく、海綿状にこまかく分岐して、そのはびこりかたは、せいぜい植物体の影の大きさで、深さも、二、三センチを出ない。じつはケープ州のほぼ全域は、冬が雨期で夏が乾燥期、雨期といっても、降雨量は年間百五十から二百ミリ、雨の多い日本の、嵐の折の一夜の雨量に過ぎない。砂の深い石礫地のことだし、陽光は強いし、砂漠を吹く風は乾燥をきわめているので、ちっとやそっと降った雨は、多少は地中に吸い込まれるにしても、おおかたは降るそばから吹き乾かされてしまう。

この植物のように、チョボチョボとつつましやかなはびこりかたをした浅根では、土の奥深いところから毛細管現象でにじみあがって来るわずかな地下水の湿《しめ》りなどまでは、届きっこない。こういう場合に、海綿のようにフカフカした古葉のクッションは、究竟《くっきょう》な水の貯め場だが、それにしても、それはわずかに冬の雨期の間のことで、七、八カ月以上も続く長い長い夏の乾燥期には、どうしようもない。そこで工夫《くふう》したのが、例の『水罠《みずわな》』Water trap の仕組みだ。——

アラビア砂漠の『水罠』は、ゴロタ石をピラミッド型に積みあげたが、小紋玉の場合は、その仕掛けは、うず高く半球形に盛りあがった植物体だ。植物は表皮に微小な気孔をもって、炭酸同化作用や呼吸作用とともに、蒸散作用も行って、水分を蒸発するし、この蒸散作用は夜が盛んなので、水分の蒸発といっしょにドンドン体温も冷えて来る。やがて、植物体の温度が露点に達すると、なめらかな表面に露が凝り、水に濡れて、タラタラとしずくになってしたたりはじめる。植物は例のフカフカした海綿状のクッションの上に坐っているし、根もまた地表ごく浅いところに、これまた海綿状に緻密にはびこっているので、上からしたたって来る水滴を、一滴でもつかまえそこねるはずがない。

これで、植物は夜じゅう自分のからだで水を製造して、ちゃんと必要なだけを貯《たくわ》えて、つつましく使っているわけで、大切な有機質の肥料と同様、すべてを自給自足して、過酷な気象と瘦薄《そうはく》な砂漠の石礫《せきれき》の間で、立派に一族を繁栄させているのだ。

どんな砂漠の荒涼さも、そこにささやかな緑があれば、それだけわずかでも潤《うるお》いを受けて、索漠さを緩和されるわけで、このつつましい可憐な植物は、「水は天からもらい水」の唄の文句を地で行って、南アフリカの高原砂漠を、美しい花園にしているのだ。

アンデスの無雨地帯

砂漠というのにもいろいろある。隊商のラクダの列が、砂煙りをあげてつらなって、砂波《すななみ》が刻《きざ》まれたゆるやかな丘の果てしなく続くかなたへ、悠々と呑まれてゆく、その天涯の果てから、突如として、黒々と蒼く椰子《やし》が茂ったオアシスが、かげろうに揺られて、夢のように現れる、といった、サハラ砂漠のようなのもあれば、よく西部劇の舞台になる、北米のアリゾナやコロラドやユタ辺の、あの『赤い河』の砂漠もある。

煙木《スモーク・ツリー》が箒草《ほうきぐさ》のようにまるまると茂ったのを、乏しく無数に点々とのせて、赤い砂礫地が果てしなくかなたにひろがっていて、シーンと静かに、ただ雲かげりのまだらを、その高原のきわから、ひき裂かれたように水に削られた渓谷が、ゾッとするような深い断崖をなして、地球に亀裂をつくっている。雨期にはドシャ降りの雨が赤い土砂を押し流して、あとに肥沃な涸《か》れ谷を残すのだ。

そうかと思うと、こんな不思議な世界もある。

一年じゅう、まったく一滴の雨も降らない。ある年降らない、というのではなくって、永遠に降らないのだ。地殻は底の底まで乾ききっている。

南米ペルーからチリへかけての太平洋沿岸、東には大アンデス山系の、標高五千メートルから八千メートルに及ぶ黒コルディレラ山脈と白コルディレラ山脈が、平行して南北につらなり、そこから西の太平洋へ、急傾斜した地勢が、なだれるように、これまた深さ七千メートルを越えるアタカマ海溝へ、急に落ちこんでいる。この斜面の一帯は、年間平均降雨量一ミリ、という極端な乾燥地で、ただガラガラと岩塊がなだれ、海岸線に沿って走っているパン・アメリカン・ハイウエイを、しばしば砂礫で埋もらせている。

年間雨量一ミリというのは、もはやまったく無雨にひとしい。湿気をもたらしてくれる遠い大西洋からの東風は、はるばるブラジルやアルゼンチンの、ゆるやかに傾斜した大平原に、持っている限りの水分をぜんぶ落として、広大なアマゾンやラプラタ河の流域に、鬱蒼《うっそう》とした密林や湿地帯をつくり、アンデスを越えて太平洋岸へ出る頃には、カラカラに乾いた熱風になっている。その太平洋岸では、冷たいペルー海流にやしなわれた多少の湿った風が、海の上を南から北へ通り抜けて、このアンデス山系の西の斜面には、何の恩恵も与えてくれない。

そんなわけで、古代インカ帝国の遺跡におおわれたこのペルーやチリのアンデス西斜面は、春夏秋冬の四季をとおして、カラカラに乾ききっている。

この、年間をとおして一滴の雨も降らない山の斜面の、一木一草も生えないところに、ゴツゴツした石灰岩の割れ目に深く根をおろして、ある種のシャボテンだけが生きて、わがもの顔にはびこっているのだから、その生命力は逞ましい。コピアポア属の『黒王丸』というシャボテンと、その近縁種の若干だ。

古代インカ帝国

アンデス山系は、一つの山脈としての規模の雄大さは、古来世界一といわれているくらいで、全体としては複雑な地形をもっている。高い山の巓《いただき》はいつも雪をかぶり、高地には湖水も河も森林もある。ゆるやかな東斜面は、広茫千里の沃野におおわれて、大西洋岸沿いにはヨーロッパのそれに劣らない近代文化がひらけているが、山脈の脊髄ちかい高地や西傾斜の砂漠地には、滅びた古代インカ帝国の名残りの文化が、そのまま保たれているようなところが多い。

インカ帝国もまた、古代アステカ王国や古代マヤ族が、スペインの遠征軍に征服されたように、同じスペイン遠征軍の分派であるフランシスコ・ピサロに滅ぼされた。その滅びかたは、アステカやマヤよりももっと悲劇的で、それにまつわる色んなものがたりが今に残されている。

ピサロはわずか一八〇名の軍隊をひきいて、インカ帝国の当時の首都クスコへ押しかけ、礼儀厚くこの賓客を宮殿に迎えたインカの末王アタワルパを、おごそかな歓迎の儀典の最中に、一斉に剣を抜き銃をはなって軍事行動を起こして、衛兵をみなごろしにし、王をとらえてしまった。これを宮殿の地下の大きな牢室に禁固して、伝説によると、この牢室いっぱいぶんの金銀を身代金《みのしろきん》として要求し、その欲望を満足させると、とたんに王を刑死させてしまった。

その頃のインカ帝国は、二人の肉親が王位争いに明け暮れて、いくらか国力は弱っていたが、それでも、勢力はコロムビアからエクアドル、ブラジル、アルゼンチン、ボリビア、チリに及び、人口八百万を擁して、富裕をきわめていた。

インカ帝国には文字がなく、鞭《むち》のような棒にたくさんの色糸をつけて結び目をつくり、それが文字にかわる符帳《ふちょう》になっていて、王族や大名、首長と、それに仕える執事《しつじ》のような専門の読み役以外には、理解出来ない仕組みになっていた。インカの文化は、今に残る遺跡や遺物に、その名残りをとどめているが、雨の乏しいアンデスの斜面の各地に、ひろく灌漑を行きとどかせて、トウモロコシやジャガイモを豊かに生産し、険阻《けんそ》な山や渓に驚くばかりの要領で隅々まで道路を整備して、今では想像もつかない早さで、中央集権の首都と地方の大名や首長との間の通信連絡が行われたらしい。例の符帳を持った使いが、この路を走り回ったわけだ。宮殿の牢室にとらわれた王を救うために、えんえん長蛇の列をなして、各地の大名や首長のもとから、代償の莫大な金銀が首都へ送りこまれ、それがまだまだ際限なく続いているうちに、王の刑死の報が伝わったので、後続の金銀はことごとく、途中から引っ返して、どこかへ隠匿《いんとく》されてしまった。

それらが、インカの秘密として、いまだに色んな小説やものがたりの主役になっていることは、ご存知の通りだ。

昔の、その四通八達した道路や巧妙をきわめた灌漑の水も、今はむなしく、古代インカの歴史の中に、崩れて埋もれてしまっている。

メキシコやカリブ海の諸島、中央アメリカの諸国のように、南米全土にわたるインカ帝国の所領も、一時スペインの支配下にあったあと、それぞれ独立し、それに続く革命の混乱が色々あって、現代に到っている。インカ時代以来、昔のまま残っているのは、空行く雲と山野の自然と、わびしい遺跡と、出土した遺品だけだ。アンデスは昔の通り、肩から上に雪をかぶり、黒コルディレラ山脈のけわしい西傾斜の裾を、太平洋の波に白く洗わせている。

雨は、——その頃から、一滴も降らないのだ。

アンデスの孤独

『黒王丸』は、単体としては、比較的小さなシャボテンで、直径一五センチから二〇センチの球状から円筒形に育ち、四、五〇センチぐらいの高さまでになる。はじめのうちは単体だが、古くなると分岐分頭して、数頭から数十頭の大きな株立ちになる。稜は多いが刻《きざ》みが浅く、稜背がまるまるとしているので、球体全体としては福徳円満な形ちをしている。とても、雨が一滴も降らない、ただガラガラと乾ききって、荒涼索漠をきわめたアンデス高地の、岩山にとりついて、苦渋《くじゅう》して辛《から》くも生きて来た植物のような、枯燥して痩せ枯れたおもむきはない。

とりわけ面白いのは、肌の色だ。この植物は、種子から育てた小さい実生苗《みしようなえ》のうちは、ツヤ消しの、褐色がかった黒い色で、たぶん第一次戦争の前後、――それも大正末期頃、ドイツあたりのシャボテン園芸商から、小さな実生苗を取り寄せたのが、たいへん色が黒いので、『黒王丸』という愛称名を誰かがつけた、というような曰《いわ》くがあるのかもしれない。

しかし、この植物は、だんだんと育つにつれて、黒い肌の上に、白くおしろいで化粧したように、幾分石灰質がかった、吸水性の、顕微鏡的微小な、うすいフェルトのようなものを一面にかぶって、全体が、わずかに燻《くす》んだ白色になって来る。こんな、肌の白いシャボテンというのは、他にない。トゲはいくらか円錐がかった短い太いもので、いちじるしく黒く、分厚いフェルトの座布団のような大きな刺座《アレオーレ》から、各一本から三本ぐらいずつ、ほとんど垂直につき出ている。球体全体の形ちも、肌の色も、トゲも、きわだって独特で、その美しい観賞価値と稀少価値で、シャボテン好きの間では、人気がある。

福徳円満な様相といったが、原産地で育ったこの植物の親株を観察して、株の下の方を調べて見ると、この部分はまた、表面的な通り一辺の見かけとはちがって、そのゴチゴチとヒネこびて堅固に干枯し、愴涼をきわめていることは、長大で頑固で迂余曲折して、執拗にこんぐらがっている逞しい根とあわせて、いかにこの植物が、岩盤の奥深い複雑な割れ目などにシガみついて、苦渋にみちた生きかたをして来たかをものがたる、いい証拠だ。

もっとも、いかにシャボテンが、砂漠の乾燥に耐えて生きる特別な生態と生理をもっているとはいっても、永年にわたって、一年じゅうまったく一滴の雨も降らない乾燥の世界に、平気で生きられるはずはない。

黒王丸は、――じつに、生きるのに必要なだけの水を自分でつくって、アンデスの孤独に耐えているのだ。

ここにも、例の『水罠《みずわな》』Water trap の秘密がある。

夜風は、海から吹きあげるか、山から降りるか、ソコのところはさだかではない。この付近は、チリのアントファガスタ州の、タルタルからコブレ辺へかけての海岸線に近い丘陵で、アンデスの西傾斜に断層のように隆起した、高さ五百メートルから千メートルに及ぶ高地だ。日本からの漁船や鉱石の運搬船などがよく寄りつくタルタルの港から、ちょっと沖へ出ると、恐ろしい岩肌の山が山嵐をこめて迫る風景の中に、手にとるばかりにソコが見えるのだが、一木一草とてない、ただガラガラと乾いた赤とても思えない。

茶けた灰色の岩壁で、そんなところに、シャボテンが群らがって生えているなどとは、

日中は、岩も焼け焦げるような暑さだが、黒王丸は、石灰を塗ったようなその肌の白さで、太陽光線を反射して、浴衣《ゆかた》がけのように涼しく過ごし、日がかげって夜が来ると、『水罠《みずわな》』を仕掛けて、夜風の中の仄かな湿気を、巧妙に水としてとらえる。海に向かった山の傾斜も、この辺の高みにならないと、黒王丸やその一族が姿を見せないところを見ると、空気の神秘な湿気の層が、この辺の高さのところに蕩漾《とうよう》するらしい。その上も下も、ただガラガラした無残な岩石砂漠の傾斜だ。

植物は昼間よりも夜間により多く気孔をひらいて、水分を蒸散するので、黒王丸もご多分にもれない。この、水分の蒸散のために、植物体はだんだんと冷えて、けわしい岩山の岩肌よりも、また一段と冷たくなり、やがて露点に達して、汗をかいたように、からだに露をおびて来る。肌の表面に白くかぶっている吸水性の、うすい微小なフェルト状の物質が、シッカとその水をとらえ、濡れに濡れて、やがてしずくを根元へしたたらせて、それが、チョロチョロと岩磐の深い割れ目へ流れて、そこへ、長持ちする湿りをとどめるようになる。昼間の熱い乾燥した風の中で、黒王丸はこの湿りを根から吸いあげて、しのぐわけだ。

数年前、アルゼンチンのブエノスアイレス近くの農園で、百姓の手伝いをしている私の若い友人の青年の某が、かねがねシャボテン好きで、シャボテンの自生地でシャボテンを集めているのがいて、どうしても一遍、アンデスを越えて向こうがわの傾斜まで、旅をしてたどりついて、黒王丸の自生地をこの眼で見たいと、私に相談の手紙をよこした。自生地の位置が正確にわからない、というのだ。

寝袋を持って行って、黒王丸が群らがって生えているそばで、砂漠の一夜をすごしたいというのが、夢にまで見ている希《のぞ》みだというわけだ。私がボロ自動車を一台買ってやることを約束して、まだ果たせないでいる青年だが、このチリ行きの旅は、ズダ袋とシャベルを一本背負って、主として汽車とバスを利用して、あとは足で歩いて、ボリビアからアンデスを越えて、チリへ抜けるのだという。

ボリビアのコチャバンバには、南米の、とりわけこの辺のシャボテンに関して、世界で一番深い知識を持っているので有名なボリビア大学のM・カルデナス教授がいて、前から私は知り合いなので、早速紹介状を書いて、迷わずに黒王丸の自生地へたどりつく道順のことを、教授に頼んでやった。

その後、恐ろしく粗末な国際封筒にはいった青年からの手紙が届いた。それによると、幸いコチャバンバで教授に会って、たいへん親切に、アントファガスタのタルタルからの道順を、くわしく地図まで描いて教わった。いよいよ明日は現地を訪ねて、長年夢みて来た黒王丸の自生状態におめにかかるので、今夜は楽しみで、眠れない。いずれくわしいその報告を、改めて手紙に書いて送る、云々。——

ところが、彼からの便りは、それっきり尻切れトンボなのだ。未だにウンともスンともいって来ないし、ブエノスアイレスの農場へ戻って、元気よくまた百姓の手伝いをしている、といった元気な報告もない。手紙はわりにマメな方で、そんなことで義理をかく男ではないのだが、それっきり今日《こんにち》まで、音沙汰なしだ。

色々忙しいことにまぎれて、そのままほうって置くうちに、オカしなことが起きた。

永井龍男君が『コチャバンバ行き』という小説を書いた。短篇小説を書かせたら、神篇ともいうべき素晴らしいものを書くというので有名な彼は、私の大好きな作家の一人だが、彼がこの『コチャバンバ行き』を書いた動機というのが、こうだ。

コチャバンバ行きのバス(どこからコチャバンバへ向かったのか、この作品を私はまだ読んでいないので、知らないが)が、砂漠の旅の長道中に故障をして途中でとまった。修理のためにちょっと時間がかかるので、十数名(?)の乗客は、つれづれのままそこで車を降りて、そこらの藪へ分け入って、バラかグミのような、何かたいへんウマい木の実をみつけて、みんなでたらふく食べた。それから車に乗って、またバスは動きだして、夕方コチャバンバについたので、運転手がそのことを乗客に告げて、車から降りてもらおうとしたら、車の中はただヒッソリと静かで、乗客はみんなよく眠っている。起こしにかかったら驚いた。乗客は十数名残らず死んでいたというのだ。藪の中で見つけて、彼等が知らずに食べたそのたいへんウマい木の実というのは、強い毒をもったものだった、というわけだ。

永井君の小説は、こういう素晴らしい死にかたが出来る木の実なら、老後のいよいよという場合に、大いに役に立ちそうだから、その用意に、友人の老人仲間をつのって、みんなでコチャバンバへ、その木の実を取りにいこうじゃないか、という空想小説らしくて、この、コチャバンバ行きのバスの中で起きた不思議な出来事というのは、何かの新聞で彼が読んだ実際の話だ、というのだ。

その新聞記事のことは、私は知らないが、ここで私はハッと思いあたったことがある。というのは、南アフリカに、ブドウ科の植物で、肥った女がムッチリと裸のからだで立っているような、変わった恰好の面白い植物があって、私はソレに『葡萄甕《ぶどうがめ》』という名前をつけた。この植物の種子を南アフリカから送らせたら、まさしく一種の干しブドウで、小粒だし、中にはちょっと大柄《おおがら》の種子が一箇ずつしかはいっていないが、黒くブヨブヨと干カラびた果肉がついていて、ナメるとアマい。さっそく、はじめて味わうこの干しブドウを、一とつかみ口へほうりこんで、しゃぶっていると、たいへんなことになって来た。この干しブドウには、パイナップルやメロンやパパイヤなどにも多少は含まれている、あの蛋白質を溶かす酵素が、ひじょうに強く含まれていて、舌の根元や軟口蓋や扁桃腺の辺からノドの奥まで、もの凄く痛痒《いたがゆ》くピリピリ刺戟されて、我慢出来なくなって、あわてて全部吐き出した。ウガイをするやら水を飲むやらで、あとで大騒ぎをした。

アマい実であるからには、鳥やケモノにそれを食べてもらって、種子を広く分布する仕組みになっているのだろうに、こんな毒物を含んでいようとは、神サマか自然の設計に何かミスがあったような気もするのだが、ドクウツギのように、アマい実が、命とりになるほどの毒物を含んでいる例もあるので、あるいは、特別に、その毒物には不死身な、鳥かケモノがいるのかもしれない。

しかし、これという死ぬ苦しみもなく、安々と死ねるような重宝《ちょうほう》な毒物を含む、おいしいアマい木の実が本当にあるとすれば、永井君の小説じゃないが、耳寄りの話でなくもない。

ただ、そういう木の実が、コチャバンバ辺のバスの通路近くの藪の中などに、やたらあるとしたら、——これは危険だ。

コチャバンバのカルデナス教授から道順を教わって、いずれバスなんかを利用して（ここには汽車もあるが）ボリビアからアンデス越えをして、寝袋をかついで、チリへ抜けた私の若い友人が、黒王丸を求めて藪でも分けて歩いて、さて、無分別に、このアマい実を見つけて食ったら、この人煙はるかに離れたアンデスの砂漠で、どういうことになるか。

これは早速、ブエノスアイレスの農場へ手紙を書いて、彼の安否を問い合わせなければなるまい。ことによれば、カルデナス教授にも、彼の行方を捜索する手伝いを、してもらわなければならないハメになろう。

それにしても、彼がたずねた黒王丸も、たった一人でそんな旅をして、砂漠の藪で木の実を食べて死んだ（と縁起《えんぎ》でもない仮定をしたとして）私の若い友人も、何という孤独さ、か。

私の問い合わせに対して、彼からの返事はまだ来ない。彼もまた『黒王丸』のように、異国にいて、ひとり孤独な青年なのだ。

怪奇な生態

はいまわる『悪魔』

植物とは、動き回ることが出来ない生物だ、と簡単に定義出来るくらい、この気の毒な生きものは、一度地面に根をおろすと、ソコから簡単に、他の場所へ移動出来ないことになっている。植物以外の他のあらゆる生物は、虫も、魚も、鳥も、一般の動物も、好きなところへ勝手に動きまわれる仕組みになっている。人間も、これは地べたから足を離すわけにいかないが、昔から、おてんとうさまと米の飯は、どこにでもついてまわるといわれているくらいで、居心地のわるい場所から、いつでも「足」を洗って、気に入ったどこかよそへ、移ってゆくことが出来る。

そこへゆくと、植物は厄介だ。一旦、そこへ根をおろしてしまうと、その場所が、その後の事情で、ひどく住みにくくなってしまうような場合にも、ソコから逃げ出すわけにいかないから、星まわりのわるい運命に素直に従って、そのまま枯れて死んでしまうほかない。あるいは、運がよければ、せいぜい後代のために種《たね》をみのらせて、それをそこらへまき散らして、もっとましな場所を見つけて、種属の絶えるのを防ぐ、という消極的な手を打つ以外に、すべがない。中には浮き草のように、「今日は向うの岸に咲く」というような浮気な生きかたをする例外の植物もなくはないが、これも、一旦水がかれてしまったらおしまいだ。

ところで、シャボテンだけは、例によって、あらゆる植物の中で、植物ばなれした奇異な生態をもっているのがあって、一つところに一度根をおろしたら、二度と動きがとれない一般植物の常識を破って、イヤなところから好き勝手に動き出して、だんだんと場所を移して生きて行くという、変わったやつがある。『匐《は》いまわる悪魔』という異名をもっている『入鹿《いるか》』Machaerocereus eruca だとか、『跳ねまわるシャボテン』Jumping cactus と呼ばれる『松嵐《まつあらし》』Cylindropuntia bigelowii または『鱗《うろこ》ウチワ』Cylindropuntia fulgida v. mamillata などのたぐいがソレだ。

『入鹿』はカリフォルニア半島のマグダレナ島に原産する柱状シャボテンで、直径十五センチ内外、長さ一〜二メートルの円筒状の茎を持ち、枝を多数分岐させて繁茂するのだが、柱状に直立して育たないで、すべて地べたに腹ばっていて、頭のところだ

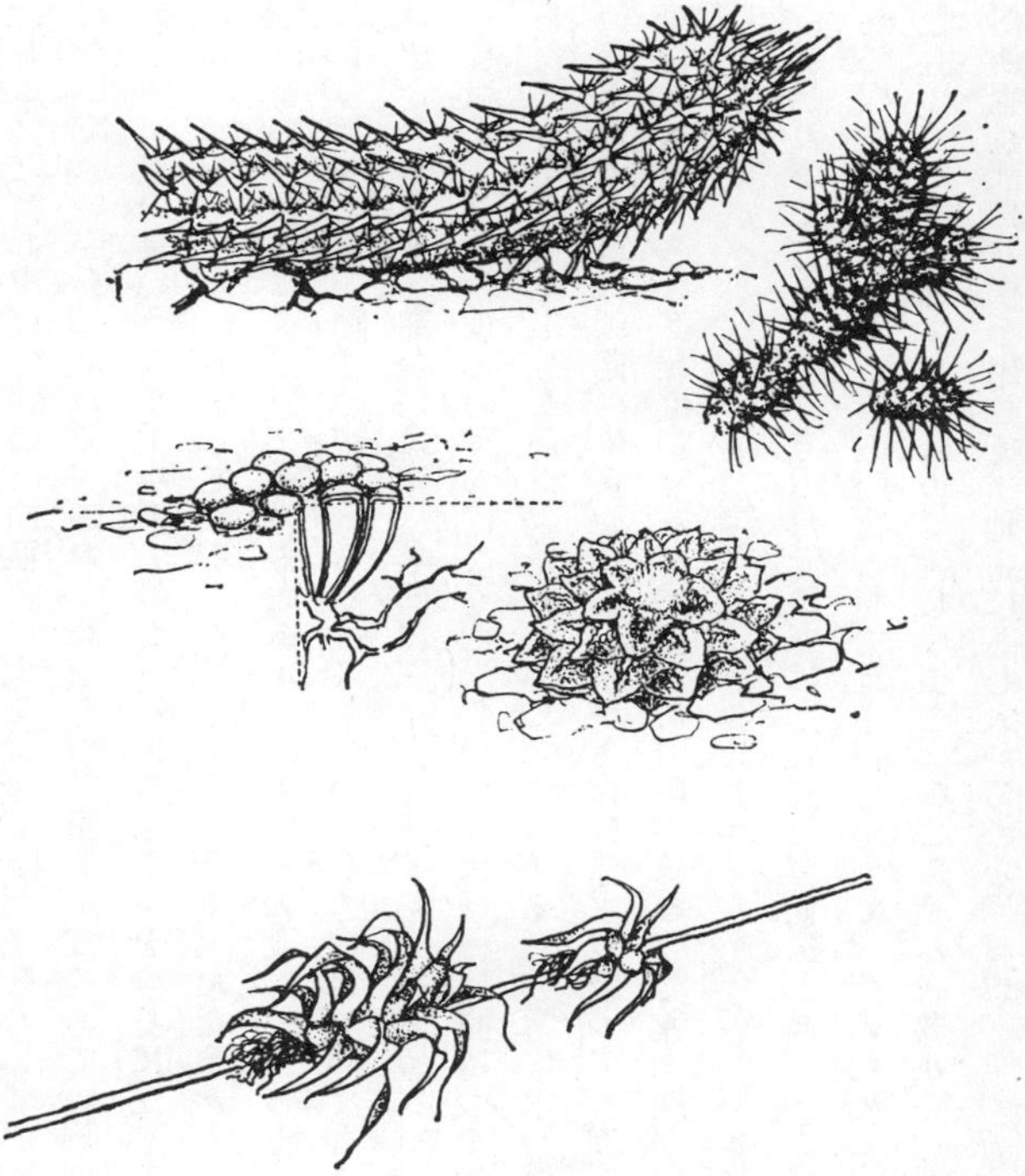

上から入鹿、松嵐、群玉、連山、チランドシア・ジュジュイ

けちょいと持ち上げている。白亜色に光る強豪なトゲを全身にまとって、手もつけられない凄じい姿をしていて、この一群が地面に腹ばって茂っている様子を遠くから眺めると、もの凄い巨大な毛虫の大群が、銀色の刺し毛を全身に逆立てて、それぞれ頭をもたげて、一大行進をしているように見える。いや、ただそのように、見えるだけではない。実際に、一群を率いて大進軍をしているのだ。

もっとも、その動くのが見えるわけじゃない。動きはきわめて遅々たるもので、せいぜい、頭が先へ進むのは、一年間に二十センチぐらいだろう。

じつは、その動きというのはこうだ。この植物は、横に腹ばった恰好で、地面に接した部分から根を出しながら、先へ先へとのびてゆく。非常に水っぽい、もろい柔かいからだで、夏の雨期の生長期には、根から存分に水を吸って、肉質を堅く充実させ、頭を上向けてグングン生育するが、やがて雨期が終わって乾燥期がおとずれると、だんだん水分がなくなって柔かくシナび加減になり、ぐったり頭を地面におろして、長々とのびてしまう。一方、根元の方はというと、元来シャボテンは、生長活動につれて根から色んな毒素を老廃物として地中に分泌して、そのために自家中毒を起こして枯れるので、処女地を求めて新しく根をはびこらせる必要から、新しく地面に接した新生長部に新根を出して、地中にさし入れる。と同時に、下の方から古い茎は枯れてゆく、という寸法だ。

つまり、頭の方が先へ先へと伸びるにつれて、お尻の方が枯れて、短くなってゆく。最初一本の幹《みき》から枝分かれした数本の茎は、やがて幹がなくなって、数本の茎となって、分かれ分かれに先へ進んでゆくことになる。その速度が、一年に二十センチというわけだ。

オカしなことを経験した。

終戦直後、私はこの植物の大きな標本が、知人の、当時アメリカのシャボテン協会の会長をしていた有名なハワード・ゲーツ氏の庭に、カリフォルニアの気候と陽ざしをよろこんで、のびのびと茂っているのを発見して、早速、その茎を送ってもらう話をつけた。やがて、「私の持っている一番大きな植物をあげるヨ」という彼の手紙といっしょに、大きい長い頑丈な木箱が、税関の植物検査を通って、私の手元に届いた。はやる胸をおさえて、木箱を開けると、木屑や古新聞紙に包まれて、鬼の腕のように凄じい、トゲだらけの植物が三本現れた。ゲーツ氏が一番大きいのを送ったという一本は、直径十五センチ、長さ一メートル八十センチもある、さすがに見事なものだったが、今とちがって、航空便などあるはずもなく、二カ月近くもかかった長い船旅の間、通風もない箱詰めの密閉された中で、根元の方から二十センチほど腐って枯れかけていた。もっとも、いい気なもので、恐らく暗い船倉の温気と湿気のために、頭の方が徒長して、十センチぐらい新しくのびていた。つまり、二カ月の船旅の間に、この植物は差引き十センチ、包装箱の中で先の方へ移動したことになる。

この植物は現在も、私の温室の一隅に、三本に枝打ちして分かれて、床土《とこつち》に腹ばっているが、年々頭を通路にのばして邪魔になるので、今までに三回も引き抜かれて、後ろへ移動させられている。行儀のわるい大蛇《だいじゃ》でも飼っているというあんばいだ。ちなみに、和名の『入鹿《いるか》』は私の命名で、大極殿で中大兄皇子や中臣鎌足の刃でたおれた蘇我入鹿の名をもじった。

Jumping cactus の『松嵐』などの場合は、これはまた『入鹿』とはちがう移動のしかたをする。『松嵐』は拇指《おやゆび》の太さぐらいの円筒形または長球がかった茎を、鎖《くさり》形に節状につらねて育つ植物で、同じ形ちの枝を車輪状にたくさんつけて藪《やぶ》のように茂るのだが、この、節をなして繁茂する枝や幹《みき》は、節《ふし》のところで簡単にもげるような脆いつながりかたをしている。激しい砂漠の嵐に揉《も》まれたり、乾燥期で樹勢が弱った時などには、それぞれ枝も幹もバラバラに解体して、そこらじゅうに散らばってしまい、その散らばった場所で、それぞれ根を出して、独立した一本ずつの植物になって、そのまま地面を覆《おお》うて育ったりする。

この種の円筒形ウチワシャボテン Cylindropuntia は、一般のウチワシャボテンと同じように、トゲの先端に顕微鏡的な微細な逆鉤《ぎやくばり》をつけているので、ちょっと触れてつきささると、逆鉤がはいって、簡単には抜けない仕組みになっている。その上、円筒形ウチワシャボテンの場合には、この細い硬い鋭いトゲの上に、うすい半透明のパラピン紙のような鞘《さや》をかぶっていて、その先端を保護していて、ちょっとその部分に触れると、容易に鞘の先が裂けて、鋭いトゲの先が現れるようになっている。『松嵐』はこのような恐ろしいトゲを、全身に隙間なく、肌も見えないほど生やしているうえ、枝や幹の茎節が、いたくもげやすく脆く出来ているので、つい、そこらを野兎や山猫やコヨテなど山野の動物が通り過ぎると、まるで跳びつくようにトゲで毛皮にとりついて、バラバラに親株から離れて、動物といっしょにくっついてゆく。このようにして『松嵐』の小茎節は、やがて動物のからだから剝《は》がれて落ちたところで根づいて、それぞれちゃんとした植物に育つわけだが、そこが運よく、湿気や肥料分に恵まれていて、親株よりも都合のいい条件の場所だと、数年後には、分家の子株の方が本家の親株よりも見事に生育繁茂して、一族を代表する大群落になったりする。一度こんなことがあった。

やはりこれも Jumping cactus の一種である『着衣《ちやくい》ウチワ』Cylindropuntia truncata

を原産地から取り寄せて、荷ほどきをして、包装の中でバラバラに解体してしまったトゲだらけの厄介な茎節の始末をしているところに、友人が遊びに来て、仕事を手伝ったりして、やがて帰って行った。

一年ぐらいたって、偶然その友人を訪ねて、温室の中でご自慢のコレクションを眺めていると、その中に、じつに見事に茎節をのばして繁茂している一鉢の『着衣ウチワ』を見つけた。自生地であるアメリカのカリフォルニアの砂漠では、よくよく厄介モノ扱いされているこの『着衣ウチワ』も、日本では当時まだごく珍らしくて（今でも結構珍らしがられている、というのは、案外栽培がムズかしいからだ）、だから、そうどこででも見られる植物じゃない。

「へえ」

と、私が感心して眺めていると、友人が笑いながら、悪気のない口振りでこんなことをいった。

「この『着衣ウチワ』ですがネ、じつは、この元木《もとぎ》は、もうせんお宅から無断で頂戴して来たものなのだが、覚えがないでしょう。もっとも、といって、べつだん盗んで来たわけじゃない。私のズボンのお尻に無断でくっついて来たんですヨ。ソラ、いつか私が伺った時、あなたは荷ほどきしていたでしょう。家へ帰る途中、電車の中で、ヘンにチクチクお尻をさすものがあって痛いので、オーバアの中へ手をやったら、指の頭ぐらいのがくっついていた。よほど私のところへ来たかったのだろうと思ってネ」

「なるほどネ」

私も屈託なく笑っていった。

「そういえば、どうも私のところではこいつはうまくいかない。ここの方がよっぽど立派に育っているヨ。君のお尻にくっついて来たやつの方が、幸福だったわけだ」

まさに、Jumping cactus の名の通りだ。私のところから跳び出して行ったわけだ。

遁げだす

ユリ科の植物は、根から酸を分泌する性質があるので、いつまでも同じ土に植えておくと、酸性自家中毒を起こして根が枯れて、植物がダメになってしまうから、土の酸性を中和するために何かの策をとってやらないと、いつまでも元気に栽培を続けることが出来ない。

私の住む神奈川県では、山ユリを県花としているが、それは、神奈川県の山野には山ユリがたくさん自生していて、初夏の頃になると、いっせいにそこらの藪の中でその花が咲いて、あたりに芳香をただよわせる。それを自慢して、県花としたわけだが、この山ユリを野山からとって来て、庭や花壇に植えて、花を咲かせて楽しもうとすると、最初の一年はいいが、二年三年と歳を経ると、たちまち弱ったり枯れたりして、影が薄くなって消えてしまう。山ユリを園芸的に庭に植えて栽培するのは、いたく困難とされている。そのくせ、眼と鼻の自然の山野では、ちゃんと山ユリは育って、年々繁茂して、季節が来ると見事に花を咲かせる。山ユリは地中で鱗形の球根が年々大きくなって、一年に一輪ずつ、咲く花の数を増やしていくといわれている。

いったい、山や野原に自然にほうっておくと、よく育って茂る山ユリが、庭へ持って来て栽培すると、ダメになってしまう、という問題を解決して、そのために適切な栽培処置を論じた園芸書が、どこにもないのも不思議だが、神奈川県でも、山ユリを県花としながら、庭で栽培するのはむずかしいときめてかかって、それ以上の指示はしていない。

その辺の機微を、私はこう解釈しているのだが、それはこうだ。たいていの庭や花壇は、平地にしつらえてあるが、山ユリが自然に生えている山地は、ほとんど藪におおわれているような山の傾斜だ。こういう斜面では、雨が降ると雨水は傾斜に沿って流れたり、地面にしみこんだ水は、これも地表近いところを、やはり傾斜に沿って、重力によって移動する。山ユリの根は、この移動する地中水でよく根を洗われるので、ユリ科の植物の特性として、根から分泌する酸性の毒素も、自家中毒を起こすほど一カ所に停滞しないで、ドンドン下へ洗い流されてしまう。平地にしつらえた庭や花壇では、こうはいかない。土の酸性を中和する方法としては、よく消石灰を土に切り込んだりするが、たぶん山ユリの場合は、その程度では追っつかないのだろう。

ところで、シャボテンといっしょに扱われるユリ科の多肉植物の中で、アストロロバ属Astrolobaの植物には、『入鹿』によく似た方法で、自分の根が分泌した酸性によって自家中毒して枯れないために、頭の方へ頭の方へと植物体を移して、先へ進んでゆくのがある。『舞竜殿』Astroloba egregiaとか『白亜塔』A. halliiといった数種が、ぎっしりと螺旋《らせん》形に三稜から五稜の円筒状に葉をつけた茎が、たいへん撓《たわ》み易くて、乾燥期になると萎《しな》びかげんに柔かくなって地面に倒れ、地面に接した部分から気根のような根を出して土に入れて、円筒状にのびた植物体を土に縫いつける。これも、お尻の方から枯れながら、頭の方を際限なくのばして、だんだん先へ進んで、地中に分泌した酸で汚された土を、さっさと見棄ててゆく、というわけだ。この植物を鉢に植えて、長らくうっちゃらかしておくと、数本に枝分かれした植物が、残らず元の鉢から足を洗って匐い出して、それぞれ勝手な向きへ向かってのびて行く。

いったい、すべての生きものは、生理的に、自家中毒を起こすような毒素を分泌して生きるもので、どういう形ちかで、自分が分泌した毒素を自分から遠ざけて生きないと、生活が成立しない。人間の場合もそうで、大都会が塵芥《じんかい》や屎尿《しにょう》の処理で悩んでいるのもその一つだが、人間はアストロロバ属の植物のように、身軽に、自分が汚染した元の住まいから抜け出られないのは、気の毒な宿命というほかない。

なお、この属の植物は、自生地の南アフリカでは、神奈川県の山ユリのように、やはり傾斜地に生えているので、鉢植えの場合とちがった生きかたをしていることもちろんだ。乾燥期の間には、根まわりの土が多少酸性を帯びるようなことがあっても、雨期には、砂漠特有のドシャ降りの雨が、それを洗い流してしまう。アストロロバは最初に生えて根をおろしたところから他へ遁げ出す必要がないわけだ。

空中で生きる

鳥は空を飛ぶが、そうかといって、空で生きているわけではない。人間は飛行機を発明し、ジェット機に進歩させ、ロケットを月へ飛ばしたり、科学設備の整った宇宙船に乗って、相当の日数、空で生きられるようになった。しかし、空に永住するわけにはいかない。

シャボテンの中には、――もっとも、カクタス科の植物ではなく、アナナス科のチランドシア属 Tillandsia の多肉植物などだが、空間を住まいとしているオカしな植物が、幾種かある。

もちろん、シャボテンや多肉植物が、いかに人間によく似て進化の極限に達した生きものであっても、万有引力や重力の法則から遁《のが》れられないことは、いうまでもない。チランドシアがどうして空中に滞在するかというと、それは懸垂という方式をとって、細い木の枝の先端や、空間に張られた電線などに根をカラみつけて、ソコから吊り下がって生き、ソコで茂り、繁殖している。

一見これに似た生態をもっている植物に、ヤドリギがある。いわゆる寄生木だ。しかし、ヤドリギはひとり立ちの独立した植物ではなくて、宿り主に寄生して生きている。寄生とは読んで字のごとく、宿り主に生命を寄託して生きているので、宿り主の親木が枯れると、当然それに寄生しているヤドリギも、運命を共にして枯れてしまう。これは、宿り主の木の幹や枝の樹皮から、材質の中へ根をはびこらせ、水分や養分を宿り主からもらって（というよりも略奪して）生きているのだから、その横着の報いで、いたしかたない。

ここで、ちょっと横道にそれて、ヤドリギのために若干の弁護を試みたいのだが、実際に、ヤドリギが果たしていわれるように、宿り主から水だけでなく養分までもらって、しかも、落葉樹である宿り主の上に常緑樹として、ヌケヌケと繁茂している厚顔無恥な植物であるか、ということになると、一抹の疑問がある。

いったいヤドリギは、幹《みき》の太い大きなエノキやケヤキや時にサクラの古木などの、とても手が届きそうにもない途方もなく高い梢などにとりついて、冬も青々と茂っているし、どこか海藻にでも似たヘンな姿をして、いたく神秘に充ちた植物だが、色々変わった伝説を持っていたり、とりわけヨーロッパでは、クリスマスの晩にこの枝を天井からぶらさげて置くと、その下では、誰とでも好きな相手と接吻してもいい、というしきたりになっている。こんな重宝な植物を栽培しない手はない、と私は思って、以来、ヤドリギをこの手で育てようと考えて、その種子の入手に苦心した。その後折よく、クリを宿り主にするというヤドリギの種子を手に入れる機会に恵まれたので、さっそく自分考えのやりかたで、それを庭のクリの古木の枝につけて、うまく発芽させられたので、栽培の実験にかかった。この植物を調べると、どうもこの奇異な植物は、寄生植物であることにちがいはないが、果たして、宿り主である親木から養分までもらって育っている、とは断じがたい点がある。水は間違いなく、宿り主から奪い取っているとしても、案外栄養の方は、自給自足していて、親木が落葉している冬の間などは、まかり間違えば、少しぐらい栄養を親木に融通しているのではあるまいか、と疑われるフシがある。これは、アイソトープでも使って、厳密に栄養の分布の状態を調べてみないと、シカとしたことはいえないが、感じからいえば、どうも、栄養を自給自足して、宿り主の親木に迷惑をかけないたてまえになっている、というのが真実らしく思われる。

もう一つ、私としてもっとも独特な見解を述べれば、ヤドリギは寄生植物ではあるが、まさに立派な多肉植物で、水分を貯蔵する仕組みになっている多肉質の茎葉、水分の蒸散を極度に制限するナメシ革のような厚いクチクラ層の表皮、枝にも葉にも茎にもまんべんなく葉緑素を持って、全身で炭酸同化作用をいとなめるようになっている栄養体制、など、多肉植物の資格を完全に持っている。そのうえ、もしかして、シャボテンや多肉植物がよくやるように、空気中の湿気を水として吸収して、自分で水分を補給出来る仕組みになっているとすれば、水分も親木に迷惑かけないで、自給自足していることになる。根はただ植物をその位置に固定するための足場を意味しているに過ぎない。ヤドリギは名前は寄生木でも、実際は、立派に独立した一本の多肉植物だ、ということになる。

閑話休題。——

チランドシアは、しかし、ヤドリギとちがって、着生植物ではあっても、決して寄生植物ではない。もっとも、チランドシアには、それとは別に地生種もあって、これは普通の植物のように、地面に根をはびこらせていて、当然、そこは水分にも肥分にも不足しないから、植物は大きく葉を茂らせている。

寄生性のチランドシアは、前にもいったように、細い木の枝の先や、電線などに根をからめて取りついて、空間に懸垂しているのだが、地面とちがって、空間には水分も肥分もないので、根はただ乾いた繊維質で宿り主にからみついて、植物をその位置に固定しているだけで、水分や養分を吸う力はない。

もともと、原産地は、南アメリカのアンデス山系の太平洋に面した西がわ傾斜で、ペルーからチリにまたがる、れいの一年間の降雨量一ミリといった、極度の乾燥地のことだから、この植物の根が雨で濡れる、などということはほとんど望めない。

種類としてはジュジュイ Tillandsia jujuy とか、レクルバタ T. recurvata などがあるが、いずれも、葉は螺旋形にのびた小さな剣状で、短く茎を包み、先端がそり返っている。これが植物体の全体で、葉のひろがりも、せいぜい直径十センチ以上を出ない。ナメシ革のように強靭なこの小さい葉は、全面吸湿性のこまかいフェルトに包まれて、白く銀色に輝いている。この小さな植物が、鳥の巣のようにならんで、集落を縫ってゆくパン・アメリカン・ハイウエイ沿いに張られた電線などに、ズラッとくっついている様子は、かなりの奇観だ。

結局この植物は、水は空中の微量な湿度を吸い取り、栄養は葉の同化作用をたよりにして、ゆっくりゆっくり生長繁茂する、というわけで、私も温室の中に、数種栽培しているが、樹の枯れ枝に細い針金でくくりつけたまま、すでに二十数年、ただの一回も水をやったことがない。それでいて、春から夏へかけての生長期にはちゃんと水々しく新葉をのばして生長し、あまり見ばえのしない花を咲かせ、タネをみのらせて、ゆっくりゆっくり根気よく育っている。原産地には、かなり美しい花をひらく種類もあるらしいが、今のところ私の手にはいっていない。地生のチランドシアには、花卉園芸として扱うのに足る、たいへん見事な花をひらく美しい種類があって、私の持っている植物にも、純粋な青色の美しい花を咲かせるのがある。植物の中でも、純粋に青い花を咲かせるのは珍しいとされている。

火星に生物がいるか、という問題については、いろいろ議論があって、結着がつかないが、ささやかな植物ぐらいは生えているかもしれないと考えてもいい若干の根拠がある。色んな観測データや天文学的推測による火星の表面の気象条件というのは、かなり苛酷をきわめたものだが、そのような条件の中でも生きられる植物がもしあるとしたら、それは、シャボテンかそれに似た植物以外のものではないと考えられるので、そこで思いあたるのは、チランドシアのような植物だ。

ずっと昔、私はチランドシアにきわめて近縁の、同じアナナス科の植物でプヤ属のPuya raimondiiに、『火星草』という和名をつけたことがある。『火星草』は、今もその名で園芸的に通っていて、わりに愛好者をもっている植物だが、これはチランドシアを二十倍ぐらいの大きさにした地生の植物で、ちょっとパイナップルに似ていて、もっと葉が細く鋭く多く、全身濃くフェルトに包まれて、派手に銀色に輝いている。これも純粋に青色の美しい花を咲かせるのだが、人間が一人両手をひろげて立ちはだかっているぐらいの、ちょっと壮大な感じの穂状の花なので、かなり見ごたえがある。この植物を私が『火星草』と名付けたのは、こういう植物が火星に生えていそうだという想像からではなく、アンデス山の大きな傾斜の、ただゴロゴロした岩塊だけの荒涼をきわめた世界で、この植物が青い壮麗な花を咲かせている様子は、どこから見ても地球の上の風景ではなく、どこか遠いちがう天体、たとえば火星の風景か何かのように思われるところから、『火星草』と名付けた。——

しかし、もしかすると、実際火星にこういう植物が生えているかもしれないので、それを考えると、また別な期待と楽しみも湧《わ》くというものだ。「可能性」という想念は、人間の脳髄の中を宇宙のかなたへ無限大にひろげる。哺乳類の最も進化した末端に出現したホモ・サピエンスの「人間」が、あらゆる科学文化を結集して創造した宇宙ロケットを空間へ飛ばして、遂に火星に届いて、そこへ最初の足跡を印したら、あにはからんや、一と足先に、シャボテンが、——あらゆる植物の中で、最も進化した最後に出現した新しい植物のシャボテンが、すでにそこにいて、人間を迎えた、などと想像することがそれだ。

こうなると、空間に生きるチランドシアは、いわば宇宙の植物ということになる。

地中生活

ザクロソウ科の昼花亜科《メセンブリアンテムム》に属する多肉植物群は、シャボテン園芸の中でも大きな領域を占めているが、もとはといえば、大部分南アフリカの高原砂漠をいろどる野草だ。いわゆるメセン類と呼ばれている仲間だ。

このメセン類の中には、ほとんど地下生活をしている奇異な植物の一群がある。

これらの植物が地上から地下へもぐったのは、人煙はるか離れたこの高原砂漠の酷《こく》烈《れつ》な気象、冬は凍るほど寒く、夏は焼けつくほど暑く、長い乾燥期の激烈な陽光と砂礫を押し流す雨期の豪雨、などから身をまもるべく、それともう一つ、緑が乏しいためにいつも飢《う》えと渇《かわ》きに追われてさまよっている色んな草食の生きもの、昆虫や爬虫類や鳥類、——亀や駝鳥《だちょう》がもの凄くこれらの植物を食害する、——その危険からのがれるために、地中に安全な場所を見つけた、というわけだ。

もっとも、もともと植物である以上、太陽光線なしには生きられない。あらゆる植物の葉の緑色は、それに含まれる葉緑素の活動で、太陽光線と炭酸ガスと水とから炭水化物をつくって、それを栄養として生きているので、どんなに酷烈な気象から身を遁れ、食害される動物などの眼をくらまして地下に隠れても、その緑色の葉の部分（茎の場合もある）を太陽光線の下へ、堂々（？）と露出せずには生きられない。

さて、都会の舗装路を歩くと、石やコンクリートのタイルを敷き詰めた歩道のところどころに、厚いガラスの天窓がはめてあるのが見られる。その下の地下室に外光を取り入れるための装置だ。

この天窓の仕掛けをそっくり取り入れて、植物体そのものは巧みに地下に隠し、レンズのように透明なガラス状の頂部だけを地上に出して、砂礫《されき》に埋まっているのがこれらの植物で、そのレンズのような天窓に、ちょっと埃《ほこり》でもかぶったら、全然植物の緑色は見えない。このレンズを構成している透明な細胞の細胞液は、蓚酸《しゅうさん》石灰の結晶などを含んで屈折率が高いので、ちゃんとレンズのような光学的効果を発揮して、そこからはいってくる強烈な太陽光線を柔かく拡大分散させる仕組みになっている。植物体は多肉な葉の集合だが、その葉はそれぞれ大なり小なり円筒形をなして、一つ一つ頭にそのようなレンズを持っており、内部は透明なので、頂部のレンズで拡大分散して柔かくなった太陽光線は、この円筒形の葉の壁の内側を明るく照らすようになっている。同化作用をいとなむための葉緑素は、この壁の内側にまんべんなくひろがっており、通気のための気孔なども、この内壁の地際近い外気に触れ易いところにちゃんと用意してある。すべて至れり尽せりの構えで、地下生活の用意が万端そなわっている。

これらの植物が、その存在を臆面もなく地上に示すのは、開花の時だけで、花はザクロソウ科の植物の特徴として、相当目立って派手な点、マツバギクがいい例を示している。金属光沢をもって輝く真紅や黄色や白で、タンポポの花に似ている。花粉を交媒する昆虫のたぐいは、地下へはもぐって来ないから、やむなくツボミを地上に出して、あからさまに花を咲かせ、その時だけ植物の存在を地上に知らせるわけだが、この開花の時期は、じつは雨期で、その時だけは荒涼たる砂漠も雨に恵まれて、一せいに雑草が芽生え、草藪も葉を茂らせるから、草食のケモノや鳥や爬虫類や昆虫のたぐいも、その方へ気を奪われて、厄介な地下の植物などには眼をくれない。万事そのことを計算に入れて、これら地下の聡明な植物たちは、ヌケヌケと地上に花を咲かせるかのようだ。

有窓植物《ウィンドウ・プラント》といわれるこれらの植物のうち、最も典型的なものは、『群玉』Fenestraria rhopalophylla、『五十鈴玉《いすずぎよく》』F. aurantiaca、『光玉《こうぎよく》』Frithia pulchraなどだが、いわゆるメセン類以外にも、この種の植物がほかにある。たとえばハウォルチア属Haworthiaの『玉扇《たまおおぎ》』Haworthia truncata、『万象《まんぞう》』H. maughaniiなどがそれで、これらは同じ砂漠でも、やや日陰や湿気に恵まれたオアシスを自生地としている。

このような植物をウィンドウ・プラント（有窓植物）といっているが、これらを日本などで栽培する場合には、自生地でのように、植物体を全部土に埋めて扱うようなことをしないことにしている。それは、日本のような多雨多湿な土地がらでは、南アフリカの高原砂漠のような極度の乾燥地とちがって、空気中の湿度が原産地の土の中のそれに匹敵するので、植物体をのこらず地上に出して育てた方が、植物はご機嫌なのだ。

郷《ごう》に入っては郷に従えということわざが、この場合もあてはまる。その点、植物は人間よりも素直だ。第一、私たちの温室の中は安全だから、これらの植物は地下にかくれる必要がないわけだ。

擬態

擬《ぎ》態《たい》というのは、生きものが巧妙に迷装することで、戦争の時、戦車が迷彩をほどこし、兵隊がヘンな斑《まだら》模様の服を着て、何かとまぎれ易くする知恵と同じだ。ただ、この場合も、人間よりも自然の方が一と足早く、その知恵を身につけていた。

ところで、昔から植物には擬態はないとされている。ドビンワリという異名を持っている昆虫は、幼虫の毛虫の時に、枯れ枝にそっくりの色と形ちをして、桑の木の枝などにくっついてジッとしているために、畑で午飯時《ひるめしどき》の農夫が、うっかりして土瓶《どびん》のつるを掛けて、落として割った、というようなことから、この奇妙な名を頂戴した。これはつくりごとではなくて、実際にたびたびあったことにちがいない。

コノハチョウも同じように、翅《はね》が木の葉にそっくりなところからつけられたのだし、キリギリスやクツワムシのたぐいも、翅をすり合わせて鳴いている間際へ耳を持っていかない限り、ありかを確かめることがむずかしい。驚くのは、五彩の虹色に翼や尾が輝く美しい孔雀が、それが野生しているインドの山野では、陽に輝く草藪《くさやぶ》の色彩の中で保護色をなしているということで、これでこそ、インドの自然の絢爛たる色彩を謳《うた》ったシャクンタラの詩のレアリズムがうなずける。

ところで、植物には擬態はないという定説をくつがえして、例の万事型破りのシャボテンの中には、明らかに、擬態の植物がある、ということについて、触れてみる。

シャボテン科の植物のうち、ロゼオカクタス属 Roseocactus やアリオカルプス属 Ariocarpus は、砂漠植物的進化がかなり究極に近く進化した一群の植物で、いろいろ非常に変わった特徴をもっており、観賞上も独自な立場を占めて、古くから変わりなく、多くの愛好者を持っている。

自生地はメキシコの中北部高原の砂礫砂漠だが、春から夏へかけての短い雨期と、その他の長い長い乾燥期がめぐって来る土地で、どうかすると、今までの記録では、七年間ぐらい、一滴も雨が降らない激しい乾燥に襲われたりすることもある、酷薄をきわめた気象の地方だ。

雨といっても、年間降雨量二百ミリを出ない程度で、それも、短い雨期の間に、砂漠特有のドシャ降りの豪雨によってもたらされる。

砂漠植物的進化というのは、前にもいったように、単に極度の乾燥に耐えるように、体制が進化した、ということではなく、乾燥の間に時々挟まる、ごく短い一時的の多湿な水浸《づ》かりにも堪えるようになることで、どうかすると、雨期には、ドシャ降りの豪雨で押し流された砂礫まじりの泥水の中に、数日浸かっているようなこともあれば、また、長い長い、どうかすると数年にも及ぶ乾燥期続きには、来る日も来る日も雲一つない空にギラギラ照り輝く陽光の下で、青いモノの何一つない、ただ焼け石と砂ばかりの荒涼たる世界に、身を忍ばせている。

この植物が砂礫地に埋まっている姿は、それ自身砂礫のかたまりのようで、色彩も形ちも付近の石コロと区別がつかない。やや扁平な独楽《こま》形をした植物体の上面は、石コロのような瘤《こぶ》々に覆われていて、全身鉄錆色を呈して、ほとんど青味がない。表皮はちょっとナイフの歯も立たないくらい堅固な、厚いクチクラ層で包まれ、中心の柔かい生長部だけ、埃《ほこり》色の絨毛《じゅうもう》で分厚く覆《おお》われている。こうしておかた砂礫に埋もれているので、岩を飛ばしてたけるような砂漠の嵐に揉《も》まれても、容易に傷つかないし、飢え渇いて食べものや飲みものをあさりまわっている砂漠鼠や陸亀のたぐいの眼からも巧みにのがれている。もっとも、万一見つかっても、この堅固なよそおいには、ちょっと歯が立つまい。

あたりはただ一望焼け焦げた砂礫地で、夏の日中は摂氏五十度を越す暑さ、冬の夜の酷寒は零下数度の凍るような寒さだ。

この種の植物が冬の寒さに耐える仕組みは、ちょうど冬の乾燥期に対応して根が吸水をやめるために、水分が少なくなって、それにつれて樹液の濃度が高まる。樹液には糖分や澱粉のほか蓚酸石灰のような石灰塩類が含まれ、それが濃厚になると自然結氷点が低くなって、ちゃんと凍結からまぬがれるようになっている。零下三度から五度、七度ぐらいでは大した害を受けない。とりわけ Ariocarpus 属や Roseocactus 属の植物は、植物体がほとんど土に埋まっていて、わずかに石のように堅固な頂部だけを露出しているので、たいていの暑さ寒さの害から身を避けられる。

『連山』Roseocactus lloydii、『亀甲牡丹』R. fissuratus、『黒牡丹』R. kotschoubeyanus、『岩牡丹』Ariocarpus retusus やそれらの各変種などが、これらの擬態植物だが、この一群の植物を園芸的に総称してボタン類と呼んでいるのは、この植物をよくよく観察すると、植物体の頂面を覆っている瘤《こぶ》の突起が、生長部を中心として螺旋《らせん》形に整然と並んでいる様子が、よくひらいたボタンの花を見おろすようなのと、もう一つ、植物体はまるで埃をかぶった砂礫のかたまりのように、無愛想で武骨だが、秋の九月か十月頃へかけての開花期には、突然、中心の生長部の絨毛の中からたくさんツボミを出して、淡ピンクや桃色や濃紫紅色や黄色などの、中輪ながらボタンのような艶麗な花を咲かせることによる。この植物を、原産地である中北部メキシコの高原砂漠の荒涼たる砂礫地でさがし求めるには、この開花の時を選ぶのが最適期だとされているのも、そのせいだ。何しろ擬態は巧妙をきわめているので、まるでそれを探すのは、砂礫の中で砂礫をさがすようなものなのだ。

多肉植物のメセン類の中にも、巧みな擬態をなしている植物がいろいろある。

たとえば、プレイオスピロス属 Pleiospilos の『鳳卵』Pleiospilos bolusii とか『帝王』P. nelii などといった仲間で、これらの植物は、『翻《ひるが》えらざる葉』と異称されているような、恐ろしく多肉で分厚な葉をもっている。この葉は、小石や石塊とそっくりの形ちをして、まるまるとしていたり塊状をなしたりしている上、こまかい点々がついて、まるで鉄銹《てつさび》色をした泥板岩そっくりの肌色をしている。この植物が一面にはびこっている地面を歩きまわると、靴で踏みつぶしたりしても、それと気がつかないでいる程まぎらわしい。

南アフリカの高原砂漠のこの自生地の辺は駝鳥《だちょう》の生息地で、この種のメセン類の植物は、もっとも恰好な駝鳥の食料とされているわけだが、巧みな擬態をもったこのプレイオスピロス属の植物は、うまく駝鳥の眼をのがれて、その種をはびこらせている。この花も、タンポポに似て黄色い大輪花で、かなり派手で目立ち易いが、生殖のためには、身の危険をかえりみない大胆なしわざをしてのけるのだろう。そのせいか、その自生地のある地方では、この植物は今や駝鳥の食害のために、ほとんど絶滅に瀕しているといわれる。

もっとも、たいていの生物は、生殖のためには、大なり小なりかなり犠牲を払っているもので、時には、そのために生存を危うくすることを敢えて辞さない。人間も、恋愛に命をかけるようなことがあるから、その点は似たりよったりだ。

感情を動かす植物（？）

日本での実験

シャボテンは感情を持っている植物で、ある種の実験によると、あからさまにそれを示すことがある、というような奇妙な報告が、アメリカでもしばしばなされているし、日本でも、その実験をテレビ放送で、私が知っている限りでも、すでに二回視聴者の前で公開されていて、私もそれを見ている。

なぜこういう実験が、シャボテンという植物に限って行われたか、ということが、私にとって非常に興味があるのだが、あらゆる植物の進化の段階で、シャボテンが一番最後に現れた最も新しい植物で、それはあたかも、あらゆる哺乳動物の進化の過程で一番最後に出現した最も新しい動物がホモ・サピエンスすなわち人間だ、ということと、何かかかわりあいがあるかのような点で、一段とまた興味が惹《ひ》かれる。

人間の感情を支配する脳の、微妙で複雑な神経の組織や機能などを、持ち合わせているはずもない植物に、感情の動きがあるなどということは、まったく想像も及ばないことだが、しかし、ここで述べる嘘発見器を使って行った特殊な実験に対して、オカしな反応を示し、植物のある種の感情の動きと解しても、さして矛盾しないようなことが、現実的に行われたという事実は、否定出来ない。つまり、アメリカの場合も日本の場合も、実験は手品のようにタネや仕掛けが介在出来ないような事情のもとに、また、ソレに立ち会った色んな科学者や植物学者や心理学者が公平に判断出来るたてまえの中で行われ、その眼の前で、実験の結果は成功しているのだ。

一体、これはどういうことだろう。

私がテレビで見た実験というのは、こうだ。

実験の対象となった植物は、『福俵』Echinopsis multiplex f. crist. という、比較的ありふれたシャボテンだ。この植物体の二カ所に嘘発見器の二つの電極を固定し、これにスイッチを入れて電流を流して、その電流の変化をひと眼で測定出来るメーターを、立会い人の前にわかり易く設置した。

元来、嘘発見器というのは、測定される人間のからだの各所（特に汗をかき易い場所）にたくさん電極を固定して、それぞれ電極の間にごく微弱な電流を流し、その回路にメーターを挟んで、どんな微細な電流の変化でも、ソレを増幅して鋭敏に読みとれるようにした装置だ。この電流の変化を、電極を固定した場所ごとに分けて、それぞれの変化を自動記録するようにした精巧なのもある。

からだを流れる電流がどうして変化するかというと、感情の動揺につれて電極を固定した部分の汗の分泌が変化し、その変化が電気抵抗の変化となって、電流の微妙な強弱の変化として現れる。

被試験者が嘘をついて、それを心の咎《とが》めと感じると、その感情の微妙な動揺が、汗の分泌の変化となって現れる。心の咎めが強いほど、感情の動揺が強く、全然手ごたえなしで平気な場合には、このような変化は現れない。糞度胸が強くて大胆不敵な被試験者の場合は、従って容易にこの網にかからないし、そのことに無関心で感情を動かさない相手も、メーターの針の動きとかかわりがない。試験は反覆して行って、同じ場所でメーターが動くような場合は、かなり疑いは濃いことになる。自動記録器だと、電極を固定したそれぞれの場所に分けて取った線条が、同じ場所で一様の曲線を描くわけで、要するに人間は、心が咎める場合には、足首は足首で、手首は手首で、胸は胸で、頭は頭で、それぞれ心を咎めていることになる。

しかし、シャボテンは、心が咎めてメーターの針を動かすのではない。

実験の対象となった植物の前には、平素、非常にその植物を愛し、自分で手をかけて可愛いがって育てている栽培主（私が見た実験では千葉県の方のある主婦の女性）が、愛着の精神をもって、いつくしみ深くそのシャボテンを眺めている。

実験というのは、——この植物に、誰か心ないものが危害を加える（あるいは加えようとする）ことで、たとえば、ナイフでそれを傷つけるとか、タバコの火をあてるとか、ろうそくの焔で焼くとか、そういったことだが、これはしかし、この段階では、決して「実験」や「試験」であってはいけない。本当にその気になって、目の前に控えている栽培主の愛情を無慚《むざん》に踏みにじって、危害を加える決意に踏みきる、ということが、大事だ。これは、決定的に大切なことで、嘘や冗談の「実験」や「試験」ではだめだ。私のテレビで見た実験の一つが、最初失敗に終わったのは、この危害者が、その場の司会者だった桂小金治で、この思いやり深くて柔和で客あしらいの上手な司会者は、そのドタン場になって、眼の前にひかえている栽培主の婦人に、つい気がねして、遠慮して、弱気になってしまった。

嘘発見器の針は全然動かないのだ。

そのあと、この実験にやや局外者的に立ち会った第三者の誰だったかの、不遠慮でぶしつけで冷酷無情な手で、本当に危害が迫ったトタンに、激しく強く、メーターの針が動いて、その時のシャボテンの、「激情的な感情の動き」（？）を、人々の前に、そしてテレビの大写しの場面に、たいへんはっきりと示して、立ち会う人々をアッと感動の嵐で包んだ。

この場合、嘘発見器のメーターの針が動くということは、植物の感情は別として、少なくも、植物にとりつけた電極の間を流れる電流に、変化が生じたことは事実で、それは、とりもなおさず、この電極間の電気抵抗が、何かの理由で変わった、と考えるべきだろう。むろん、その変化というのは、非常に微弱なもので、相当大きな増幅によって電流計に現れるのだから、その電気抵抗の変化というのも、きわめて微小なものにちがいない。しかし、どんなにそれが微小であっても、何か外界から信号を受けて、それに応えて変化したと見る以外にないわけで、まずその信号が何であるか、その信号を受けて、植物体の中にどういう変化が、どういう順序で起きたか、それを科学的に究明しないと、回答は出て来ない。可愛いがっている植物に、愛培家の女性の眼の前で、理不尽な危害が加えられる、――ハッという不安と恐怖に、瞬間その人の心が衝撃を受けて動揺した、というのも事実だ。しかし、この心の戦《おのの》きと、植物の体内の電気抵抗の変化とを、科学的にどう結びつけたらいいのか。

この女性と、その時いっしょに出席していたその夫である人が、共に証言したところによると、このような心理反応は、必ずしも愛培家の女性の眼の前近くに植物が置かれている場合ばかりでなく、今までの経験では三十キロも離れたところでも、ちゃんと反応を示すのだそうで、その証言の様子も、つくりごとらしくは見えなかった。少なくもその二人は、牢固《ろうこ》とそのことを信じていると受け取れた。

アメリカでの実験

アメリカで行われた実験の一つというのは、こうだ。

この実験が行われた場所や時日の詳細については、私の記憶もちょっとあやふやだし、あいにく、資料も手元にないが、その信憑性《しんぴょうせい》については、日本での実験の場合と、ほぼ変わりがないと見ていただきたい。相当名のある科学者や植物学者や心理学者などが公然と立ち会って、それが行われたことも、日本の場合に似ている。

さて、実験は人気《ひとけ》のない密室を用意して、そこで行われた。

まず、机の上に二鉢の似たようなシャボテンの鉢が並べて置かれた。

一方、入口のドアの内側の床に、七通の書信用の封筒を、無雑作に足元に散らしておいた。糊で密封された封筒の中には、それぞれ便箋が畳《たた》んではいっていたが、そのうち六通のはただの白紙で、ただ一通だけは、便箋にこういうことが書かれていた。

この封筒を手にした者は、直ちに室内の机の前に進んで、シャボテンの鉢のどちらか一方を取り上げ、床《ゆか》へ落とした上、シャボテンを靴で踏みにじって、容赦なく圧《お》しツブして、そのまま室外に出て来ること。

さて、被実験者として、七人の男を選んで、ドアの外に導いて立たせて、こういうことを命令した。つまり、その七人は、順番に一人ずつドアを開けて室内にはいって、足元に散らばっている封筒を一つとって、その場で開封して見る。封筒の中身は六通までは白紙だから、この内容の白紙の封筒を手にした者はそのまま回れ右して、ドアを開けて室外に出てしまっていい。一通の封筒は、便箋にある命令が書いてあるから、それをよく読んで命令を理解した上、命令通りのことを行って、それを果たしてからドアを開けて室外に戻って来る。この命令の封書が、七人のうちの誰にあたるかは、まったく偶然にゆだねられている。——

やがて、被実験者たちは順々に部屋にはいって、いわれた通りのことを実行して、また室外に戻って来た。実験室内ではまさしく、机の上に一鉢のシャボテンが無事にそのまま残り、一鉢は床にころがって、植物は無残に靴で踏みにじられて土にまみれてツブれていた。

そこで、多くの立会い人が実験室内にはいって、テーブルを囲み、その次の実験にかかった。

まず、机の上に残った鉢植えのシャボテンに、例の嘘発見器の電極がとりつけられた。スイッチを入れ、植物体の中を流れる電流が一定の強さに安定して、メーターの針が一カ所に静止した状態になったところで、さっきの七人の被実験者を一人々々順番に室内に呼び入れて、シャボテンの鉢の前に立たせた。

一人、二人、三人、という風に入れかわり立ちかわりしているうちに、ある一人がテーブルの前に立った瞬間、突然、今まで何の反応も示さず静止していたメーターの針が、狂気したようにピーンとハネあがって、異常な電流の流れを示した。

ハッとしたように、人々は動揺した。

もしかして?

「鉢を机から落として、シャボテンを踏みツブせと封筒で命令されて、それをその通りにやったのは、君かね?」

実験者に訊《き》かれて、被実験者は素直に、しかし不思議そうに答えた。

「そうです。しかし、……なぜそれがわかりましたか？」

実験者がそれに答えた。机の上のシャボテンの鉢を指さして、

「このシャボテンが、それを見ていたのだ。このメーターの針を見たまえ」

この実験の不思議さをどう解こうかと苦しむ前に、私はまず首をかしげるのだ。一体、この実験の対象に、選びに選んでシャボテンを取り上げたというのは、どういうことなのだろう。

人間の能力の限界

私の知人で、今はなくなったが、Nという婦人があった。なくなる前までは神戸の方でかなり知られた大きい牛鍋料理の店を出していた主人の奥さんで、これから私が述べる話は、相当広く人に知られていることであり、私の周囲にも、現に生き証人が幾人もいるから、事実であることを証明してくれる。

一体、人間の能力の限界については、未だ何ごともわかっていない。

人間は、この世のあらゆる生物の中で一番進化した哺乳動物のうちでも、さらに、また進化して、最後に出現した『人類』のうち、また更に進化を重ねて末端に現れた

ホモ・サピエンスの裔《えい》だ、などといって、簡単にすませているが、じつは、地球という惑星が太陽系に現れ、やがて、生物が出現する色んな条件が整って、まず単細胞のアミーバから生命のいとぐちがはじまって以来の、長い長い長い生物進化の道程を経て、今日の人間に到った。それまでの間に遭遇したあらゆる危険と、それを一つ一つちゃんと切り抜けて、現在の「自己」に到達するまでの、生命の生きかたの巧妙さ、しぶとさ、運のよさ、あらゆる生命の危機をウマく切り抜け、生きることの困難さを解決した知恵と腕前と能力は、ただただ驚歎に値する。しかし、じつは、この気の遠くなるほどの長い年月のはるかかなたから、生命を今日《こんにち》までもちこたえて来た驚くべき能力は、意識しようと意識しまいと、私たちの中に確固とそなわっていて現在がある、ということを、私たちは忘れていやしまいか。それは一つは、この驚くべき能力のかなりの部分が、私たちのうちに睡《ねむ》っていて、意識のラチ外にあるからだが、じつは、そういう能力は、これから私たち人類が遭遇するかもしれないあらゆる天変地異や生活の難苦の中で、ひょっと眼をさまして、生命をささえてくれるたよりとなるかも、しれないわけだ。大体、これから人類を襲うかもしれないどんな恐るべき天変地異や生活の難苦も、それは、始原のアミーバ以来今日《こんにち》までの間に、私だちの生命がそれにさらされて来たあらゆる天変地異や生活の難苦にくらべれば、ものの数でもないのだ。たかだか私たちの個体は、長く生きても百年かそこらだ。今まで生きて来た道程の長さは、アミーバ以来一体何億年になるだろう。その間に私たちの生命が遭遇した身の毛もよだつような、あらゆる恐るべき危険を切り抜けて来た能力は、どんなに高く買いかぶっても、買いかぶり過ぎはしない。

ただ、この能力のおおかたは、現在、私たちの中で睡っている。

一体、この能力の限界というのは、何か。

Nさんは、人間の運命の秘密を、死期に関することまで、手のひらをさすようにはっきり、それも具体的にいいあてるので、周囲の人たちからいたく無気味がられ、怖れられていた。

こんな話もある。私の知人の一人が、妻君に内緒で二号さんを囲って、近くのある銭湯の裏の二階を間借りして、住まわせていた。Nさんはある時、その知人夫妻を遊びに訪ねて行っていて、何気ない世間話の間に、突然、神がかりのような口振りで、

「アサヒ屋、アサヒ屋、……アサヒ屋の二階、アサヒ屋の……」といい出して、自分でも不思議そうに、その知人夫妻にきいた。「この近所に、アサヒ屋っていうお店はない？」

「アサヒ屋、……？」妻君の方がそう口にしてから、ふと思いついて、「ああ、旭屋

ネ、あそこのお風呂屋さんのことじゃない？」「ああ、そうヨ、お風呂屋さんヨ」。Nさんは言下に、「そのお風呂屋さんの旭屋の二階に、……」といういいかたで、何の悪気《わるげ》もなく、あっさりと、そこに囲っていた二号さんのことを暴露してしまった。当然、大騒動のもめごとなったわけだが、今でもこの話は、私たちの間で語り草になっている。

戦争の末期に、私たちは仲間うちで集まって、Nさんを招いて、戦争の近い将来のことについて、運命を占ってもらったことがあった。その前に、連合艦隊司令長官の山本五十六の戦死のことを、はっきりと予言し、南太平洋の戦闘について、全く絶望的な敗戦を予言して、すべて戦局はその通りに進んでいるのに、驚きといっしょにすっかり気を腐らせていた私たちに、Nさんはこんなことをいった。

「戦争のことを考えると、ここのところは、きまって、ただ、シシリー島、シシリー島、シシリー島っていう言葉だけがウルさく浮かぶの。シシリー島って、一体何なの？　シシリー島に何があるの？」

それから、ちょうど一カ月ほどしてからだった。連合軍のうちアメリカ軍がシシリー島を占領して、今までの連合軍側の負けいくさから、大陸進攻の勝ちいくさへと、第一歩の運命の転換がこの時からはじまったのだった。

それよりもっとずっと古い頃のことだ。これも私の年上の知人で、いわゆる大陸浪人だった某が、日本の軍隊の古い歩兵銃を払いさげて、中国のある軍閥の将軍に、密輸出して、一と儲けしようと、悪いたくらみをした。かなり危険もともなう商売なので、ウマく成功するかどうか、Nさんにそっとおうかがいを立ててみた。むろん、もくろみはすべて伏せたまま、ただ仕事の成否だけを訊ねたわけだ。ちょっと眼をつむって合掌したNさんが、急に無雑作にベラベラしゃべり出した。

「ああ、何だか川の中に、葦《あし》がソヨいでいるのが見えるワ。アラ、……舟の中に、たくさん鉄砲があるワ、鉄砲がたくさん光っているワ、……」

大陸浪人の某は、それを聞いているうちに、ゾーッと身内が総毛だって来た。

結局、Nさんの予言はこうだった。

「ダメ、ダメ、ダメよ、やめたほうがいいワ、ウマくいかない。……」

むろん、某はそれっきり、その計画を中止してしまった。

この種の奇異な出来ごとは、あげればまったくキリがない。一冊の書物にしても、書ききれないほどだ。

その後、平沢貞通の帝銀事件が起きた時、あらゆる状況は、この犯人が黒であることをものがたっているのに、ただ一つ、最も重要なキメ手である物的証拠がない。つまり、客観的に犯罪を証明する証拠物件が見あたらないのだ。犯人は毒物を入れた小瓶を、ある神社の境内に棄てたと自供しているのに、それが見つからない。草の根を一本々々分けてさがしても、ないのだ。これには捜査当局もネをあげた。

その時私は、ふと思いついた。

Nさんのあの奇怪な能力を応用してみたら、どうだろう。

今までの経験では、こんな程度の透視は、Nさんの能力からすれば、何のこともない。恐らく、ただ一言のもとに彼女は、その見つからない毒薬の小瓶のありかを、例の無雑作ぶりでいいあてるにちがいない。

もっとも、この場合、順序として、どうしても前もって、Nさんを犯人に会わせる必要がある。犯人は刑務所にいる。

折よく、私の友人のMが、警視庁の総監官房に勤めていて、警視庁の内部のこのような問題について連絡するのには恰好の立場にいた。そこで早速私は思いつきを彼に話して、捜査当局にこのことを伝えてもらった。

返事は、長い長い合議の末らしく、やがてMから私に伝えられた。

それによると、こうだ。

好意は厚く感謝するが、捜査当局としては、あらゆる科学的捜査の結果を信頼して、現状に到っているので、それに満足するほかない。判決も予想通りなされるはずだから、万事諒承されたい、云々。

Mの口吻《こうふん》の中から推察出来たのは、こういうことだった。何ぶん、警視庁捜査当局の能力をあげての仕事で、百方手をつくした上でのことだ。今もし、民間の一女性の、ウロンくさい透視の能力などにたよって、万一、実際その透視通りに、実物がどこから現れでもしたら、一体、面目はどういうことになるのか。別ないいかたをすれば、警視庁全体の士気にも関する重大なことだ。一つの犯罪捜査の遺漏を完結する程度の瑣事《さじ》ではなくなる。――

はっきりと言葉にはしないが、そういった気配が彼の口ウラに受け取れた。

私は興味ある提案を引っこめた。

私たちは人間の能力の限界について、何一つ知るところがない。

たとえば、顔の表情を一つ取り立てても、どんなささいなことでも、何かを一度見ている顔と、見ていない顔とでは、どこかがちがっていていいはずだ。この二つの顔が全く同じだといい切れる理由はどこにもない。この、何かを見ている顔と見ていない顔を、ちゃんと見分けられる能力が人にあれば、その顔の表情を見ただけで、彼が一度見たことがある「何か」をいいあてることが出来てもいい。自分は知らないカードの裏側を相手に見せて、今度は、その相手の表情だけを見て、カードの裏側をいいあてる、ぐらいの透視の能力は、不思議でないことになる。Nさんは、しばしば人の死期を、日時まではっきりいいあてて、非常に周囲の人たちを恐怖させたものだが、生死に関するようなその個人の重大事を、顔やからだの表情に全く表現していないとすれば、その方が不思議なのかもしれない。ただ、それを読み取る能力が、誰の中でも、普通は睡っているので、いつも太平楽を構えていられるだけなのだ。

　話が横道にそれたが、シャボテンに装置した嘘発見器のメーターの針が動くのは、植物体に固定した二つの（あるいは幾つかの）電極の間を流れる電流に、微弱な変化が起きたことの表現であり、それは畢竟《ひっきょう》、電気抵抗の変化という問題と置き換えられる。この電気抵抗の変化は、そもそもシャボテンという不思議な植物が、人間のように感情を持っていて、それが変化することに基づく、という風に考える前に、その植物に愛情の眼をすえて前に控えている栽培主の、ある種の強い精神動揺が、何か物理的な、あるいは化学的な力となって、影響を与えたというようなことではあるまいか。そのどちらの考えかたに、より科学的合理性があるか、その辺のところをもう一度トクと考えてみる必要がありはしまいか。

　人間の精神がある種の状態の時に、強く一点に集中されたような場合、それは、何か特殊な、物理的あるいは化学的な力となって、空間を隔てて他に作用する、というようなことは、絶対にあり得ないのか。精神主義者は常に簡単にこれを承認し、唯物論者あるいはそれに近い科学者はなかなか納得しないこの種の現象について、私は今のところ判断が下せない。というのは、トリックがあるとは考えられない状態で、そういう奇蹟に似たことをしてのける人が、実際にあることを、私は知っているからだ。前に述べたNさんの如きも、その一人ということが出来る。あらゆる科学的証言が、アラを拾おうと待ちかまえている中で、あるソビエトのいわゆる超能力者の女性が、視線でモノを動かしているのを、かなり信用出来る科学ドキュメント映画で、見たことがあるし、日本でも、それによく似た実験がテレビで放送されたのを私は見た。とにかく「不思議」はこの世にある。つまり、ある現象があって、それが科学的に証明されないうちは、これを「不思議」というほかはない。

私は、シャボテンが果たして感情を持っているかどうかを、自分で確かめてみる気になった。

ちょうど、子供の一人（長男で、電気と音響の関係の仕事をしている専門のエンジニアだ）に、簡単な嘘発見器を設計させて、つくらせた。少し構造が簡単すぎて、精密な実験にはちょっと不向きな器械だったが、とにかく、二つの電極の間をごく微量、ほぼコンスタントに流れる電流に、多少の変化でも起きると、すぐにそれを増幅して、メーターの針に示す装置で、初歩の段階の調査は、これで出来るはずだった。

いよいよ実験にとりかかってみると、これには一つ、全く致命的な難問題のあることがわかった。ソレは、要するに、実験や試験はダメなのだ。Nさんの透視能力を、私はかつて一度、心理学的にテストしてみようとして、Nさんからたしなめられたことがあった。つまり、この場合も、それは全くさし迫った必至な問題でないと、Nさんに反応しないので、たわむれや冗談じみた、いわゆる「試験」や「実験」には乗って来ないのだ。

私が本当に可愛いがって大切にしている植物を選んで、それに実際に、決定的に危害を与えるというその刹那、という現実的な条件のもとで実験を行わないと、植物は、それに乗って来ない。ここでは嘘やゴマ化しはきかない。そうなると、私と私の植物というような関係で、この条件をつくることは、まず不可能だ、ということになる。

事実上、私の試みは今のところ、成功していない。一つは、今の私の装置では、植物体にとりつけた電極と植物体の間に、色んな理由に基づく不安定な抵抗の変化があって、そのために、メーターの針が安定しないで動揺している。ひょっと何かわからない理由で、大きく針の揺れが起きたりすることがあるが、今のところその原因がわからない。

当分根気よく実験を続けるか、さもなければ、もっと精密な装置の器械を設計して作って、それで実験をしなおする以外にないかもしれない。今のところこれというめぼしいデータが得られないので、本書を執筆している現状の段階では、めざましい報告を掲げておめにかけられないのが残念だ。

もっとも、私の実験は、その対象の植物を、シャボテンだけに限っていない。この種の実験を一と足先に手がけたアメリカや日本の諸先輩が、どういう理由で、試験の対象をシャボテンに限っているかについて、いささか疑問があるのと、もう一つ、実は肚を割れば、愛培している大事なシャボテンを、あまり痛めつけたくないのだ。これを逆にいえば、痛めつけても我慢出来るぐらいの植物なら、それはあまり大事じゃないのだ。こんな不心得が、実験を成功させていないのかもしれない。それと、あるいはもしか、じっさいそういう感情的反応を示すのは(コレがマユツバなのだが)シャボテンに限るのかもしれない。

そういう点で、シャボテンを考えると、確かにこの植物は、その体制が一般の他の植物とちがっている。普通の樹木や草は、そのボリュームや形態を維持している主なものは、硬質の繊維質だが、シャボテンは、ただの水ぶくれで、その点、ガスを充塡《じゅうてん》して膨《ふく》らませた風船や気球にちかい。そのボリュームや形ちを維持しているのは、細胞内や細胞間隙をみたしている水の膨脹力で、これは、甚だしく、外気の圧力に反応しやすい。外気の圧力に対するこのような鋭敏な反応が、そのまま、樹液そのものの電気抵抗の変化と関係があるとすれば、もしかすると、――というような考えかたも出て来る。何しろ人間はバケモノで、その得体のしれない精神力なるものを主軸として、その能力の限界がわからないのだ。ソビエトの場合のように、視線の力だけでモノを動かしたり、さき頃日本を訪れた、奇怪な念力の持主として世界に知られたユリ・ゲラーが、大ぜいの監視の眼と大写しのテレビ・カメラの前で、小指ほども太い鉄のボールトを、指で撫《な》でているだけで飴《あめ》のようにトロリと柔らかく曲げたり、普通の出来の硬い金属性のフォークやスプーンの柄を、融けたように指で、ちょん切ったりするような、オカしな芸当をやらかすのだ。

アメリカでの実験のように、シャボテンの感情の動きを測るだけで、無雑作に犯人をつきとめたりすることが出来るとなったら、人間はシャボテンを、アダやオロソカに出来ない。将来、人間は裁判官の椅子をシャボテンにゆずり、コンピューターと連動する仕掛けの嘘発見器が、厳粛に裁判所で判決を下して、人間は口をさしはさむ余地がなくなるかもわからないのだ。

あらゆる生物の進化の末に現れた哺乳類の、そのまた進化の末端に光栄ある座を占めている人間と、あらゆる植物進化の最後の段階に、最も新しい植物として現れたシャボテンとの、これからは対決の場になることになる。人間とシャボテンとどちらがこの世で生きることに強いか、という問題になると、少なくもこうはいえよう。なるほど、人間とシャボテンとは、ほぼ同じ頃に地上に現れた。(どちらも、世の中がずいぶんセチ辛くなってからのことだがネ)

しかし、これから先、どちらの方がより先まで生きのびられるか、だ。どうやらこうなると、人間が何かの都合で地上で滅びてしまったあと、恐らく眼をおおうような荒涼たる砂漠に、シャボテンだけがヌケヌケと生きている、というようなことになるのではあるまいか。

人間という『動物』は、なにぶん自分を滅ぼす兇器を持ち過ぎているからネ。

詩篇

岩台《メッサ》幻想

故郷《ふるさと》は遥かかなた
肩には袋ひとつ
シャボテンの曠野に
われ一人立てり

昼の靄《もや》かかる
赤い砂岩の岩台《メッサ》
空は高く剞《え》れて
雲一つない
アリゾナの砂漠
風は荒れ野に死して

地軸にしみる沈黙《しじま》
陽《ひ》は天に輝き
伴侶《とも》はただひとり
わが足元の影法師

シャボテンの花に

ひと夜
砂漠に吹きあれた
あらしがやむと
バラ色にかわいた
しずかな朝あけが来る
月はただ死滅した天体となって
丘のかなたに傾き
かわいて枯れかけた岩かげのシャボテンは

天地《あめつち》に誰も見ない
妖《あや》しい美しい花を
ただ陽《ひ》にむかってひらく

そのような仕事を
私はいつも空想する

ゆうべ
砂漠にふたたび
あらしがたけると
丘のかなたにひとすじ遠く
私がのこした足跡は
むなしく砂波《すななみ》のおもてに消え
岩かげのシャボテンは
つつましく花をとじて
またたく星々と月の下に

しずかにねむる
トゲを吹きぬける
淋しい夜風をききながら
　そのような人生を
　私はいつも空想する

シャボテンと猫と美女と

膝頭を二つ
くずして重ねた膝の上で
白い子猫を
毛皮のようにいじっていた
無意識なあなたのゆび
外光からチラと眼を戻して

わたしを見たあなたの瞳《め》は
うつぶせながら
芝居の幕あけのようにあでやかなのに
黒い光環にうつっているのは
淋しいまつ毛の影と
膝の白い子猫とだけ

はるかなる夕日

シエラネバダ山のかなたに沈む
はるかなる夕日
曠茫千里
石礫のところどころに
干いてむらがる
孤独なるシャボテンよ

闇にむかって
かたむく
地球の傾斜から
夜嵐がめざめ
冷えた山骨に吹きあれる時
空の刷毛雲《はけぐも》は消え
星はまたたかず
遠い山脈《やまなみ》の果ての
雪の残輝が
人煙絶えし世界の
一日のおわりを
つげる。

そのひとときの
華やかなる夕日をびて

汝、——
孤独なるシャボテンのむれよ
　　シャボテン、孤独なる植物

白雲流れる悠久のかなた
永遠と瞬間がとけあい
悪魔と神がたわむれるところ
砂漠、——

目くるめく砂岩の劈開
その下にひろがる
見はるかす地平に
陽はかがやき
雲影匂い

地軸にしみる静寂が
空にこだまする
砂漠、——
そこに生きる孤独なる植物
汝、シャボテンよ

解説　「植物の文学」

田中　美穂（蟲文庫）

「草木の中で最も石に近いから」

鉱物の専門家でサボテン狂いの知人が、自分がなぜサボテンが好きなのかということを、尋ねもしないのにそう話してくれたことがある。硬質で容易には変質しない、そんなものに対する憧れなのかもしれない。たしかに人間というものはじつにやわらかく、うつろいやすい。

その知人から、もうずいぶん前「二冊持っているから」と譲り受けたのが、この『シャボテン幻想』だった。以来ずっと仕事机の上の本箱に並んでいる。そして、そこからわたしのサボテン多肉趣味もはじまった。

『シャボテン幻想』は、昭和四九年（1974年）に毎日新聞社より刊行された。その後昭和五八年（1983年）に北宋社から復刻されているが、装幀以外は、口絵をふくめ、ほとんど同じ内容のようだ。

サボテン多肉の雑学蘊蓄大全といった趣で、著者の長年にわたるサボテンの栽培、観察、研究、見聞、考察の成果が全編にわたって繰り広げられており、当代随一のサボテンマニアの面目躍如の感を呈している。

龍膽寺雄は、明治三四年（1901年）千葉県印旛郡佐倉町に父橋詰孝一郎、母りくの三男として生まれた。国文学者で中学教員であった父の勤めの関係で、同年茨城県稲敷郡に転居。大正七年（1918年）旧制下妻中学校を卒業後、慶応義塾大学医学部入学、五年在籍ののち中途退学する。

大学中退の翌年、昭和三年（1928年）雑誌『改造』の十周年記念懸賞小説に「放浪時代」が一等で当選。これが佐藤春夫や谷崎潤一郎の激賞を受け、華々しい文壇デビューとなった。

この時の転身の理由を『芸術至上主義文芸』7号（昭和五六年）での聞き書きで「医者が嫌いになったわけではなく、むしろ科学者は大好きだ。しかし小説ばかり書いていたもんだからとても両立はできなくて、医者のほうをあきらめてしまった」というふうに答えている。

「アパアトの女達と僕と」「街のナンセンス」「風——に関するEpisode」などを次々と発表。都会の風景や風俗を切り取った、これまでにない、明るく軽やかで斬新な作風や言語感覚から、当時隆盛期であったプロレタリア文学に対する「新興芸術派」の代表格、「モダニズム文学」の旗手として、一躍時代の寵児となる。いわゆる純文学の作品から、ともすれば「軽薄」などと揶揄されるような通俗的な小説も多く書き、ジャンルはファンタジーから歴史小説まで多岐にわたる。詩作も多い。ただ、一貫して細密精緻な写生主義的描写と醒めた諧謔とが、重たい場面にもいくらかの浮力をもたせ、情緒に流されすぎないための足がかりのようなものを残してくれているように感じられる。「明るく、乾いた」と形容されるこういった文体が、龍膽寺特有の、幻想的な、ロマン主義的な雰囲気とあいまって、当時の主に若い世代から熱烈に歓迎されたのだろう。

しかし昭和九年に発表した「M・子への遺書」による筆禍を境に、以降文壇から距離を置くようになる。このあたりの事情は、いまとなってははっきりしないのだが、龍膽寺自身は「(文壇から)抹殺された」とも書いている。

その後も文学から離れることはなく創作は続けられたが、以前から熱中していたサボテンの栽培と研究に打ち込むようになる。サボテン研究家として、国内外に知られ、一時期はテレビやラジオの園芸番組に出演していたこともあるようだ。この強烈な印象を残す名前がお茶の間にも知られていたかと思うと面白い。『原色シャボテンと多肉植物大図鑑』（誠文堂新光社）をはじめとした図鑑や栽培指南書などの著作は十数冊にのぼる。

昭和五九年〜六一年にかけて、昭和書院から、自身の編集による『龍膽寺雄全集』（全一二巻）を刊行。

平成四年（1992年）に九一歳で亡くなっている。

サボテンがどんなものか想像もつかないという人はあまりいないと思うが、最近まで、多肉植物という言葉にピンとこない人はわりあい多かった。そんな時は「アロエみたいなやつですよ」と答えると、たいていすぐに理解してもらえる。趣味園芸としてだけでなく、「医者いらず」などといい、火傷の手当てやお腹の薬として栽培していたお宅は多いので、むしろサボテンよりもより身近なはずなのだ。どちらも肉厚な葉や茎、時に根にまでも水分や養分を多量にたくわえるのが特徴で、長い期間雨が降らず乾燥したままでも、それに対抗して生きていけるような体の組織を持っている。

この両者の違いは、刺がはえる刺座（アレオーレ）という白っぽい綿のような部分があるかないかというところにある。刺座のあるほうがサボテン、ないのが多肉植物。たまに刺のないサボテンもあるのだが、それでも刺座は残っている。

ただ、サボテンは本来、多肉植物の中の一種なので、正確には「サボテンとその他の多肉植物」と表現するのが妥当なのだ、と龍膽寺先生もどこかに書いておられたが、分類上は別の科属であるけれど、生態や形態を考えるうえでは、ほぼ同じものとしても問題はない。


『シャボテン幻想』は、古今東西のサボテンに関する雑学や蘊蓄の集大成とはじめに書いたが、しかし、そのいずれもが「サボテンと人間との関わり」や「サボテンから眺めた人間社会」をテーマにしたもので、決して浮世離れした「サボテンのお話」ではない。むしろ龍膽寺雄という人が、いかに人間というものについて関心を抱き、考えつづけていたかということが浮き彫りになっているもので、ともすれば、サボテンの皮をかぶって自身の内側にある屈託を表しているような部分さえある。とにかく相当に人間くさいのだ。

サボテンが地上に現れたのは、「地殻の大きな変動が内陸を隆起させて、海の湿気と隔絶したところに、砂漠という奇怪な世界をつくりあげてからのこと」で、「われわれ人間の、直接の祖先であるホモ・サピエンスが出現したのと、奇しくもほとんど前後した時代だ」とある。詳しく調べたわけではないが、現在のわたしの認識もおおよそそんなところだ。

そして、サボテンというのは植物の中で最も「新しい」「モダン」な植物であり、人間とは切っても切れない間柄の「地上の双生児」のようなものであるともいう。

本書の中で、サボテンの造型について、

《この精緻をきわめた、まったく無駄なしに、必要ぎりぎりに設計されたのっぴきならぬ造型が、この植物の姿形となったのだ。》

と書いている。まさにモダニズムだ。

昭和一〇年代の商業広告デザインの本を眺めているとサボテンを図案化したものが登場するし、いかにも「モダン」な装幀の一般向け植物図鑑の表紙を球状のサボテンが飾っているなど、当時の尖端趣味に大変なじみのよいものだったのだろうと想像できる。

「善人なおもて成仏す」という文章の中で、サボテン好きと一般の草花好きとの違いについてのべられている。後者が一般に「悪人はいない」といわれるのに対して、前者は「植物的性格というようりはむしろ動物的性格」の「敵味方の概念が強く、油断ならない働きもの」だ、というのだ。

これには、わたしも大いにうなずける。草花好きが羊のような草食動物的とすれば、こちらは肉食動物の雰囲気が強い。もちろん、皆が皆というわけではないのだが、実際、声が大きく、主張も強く、活力旺盛な眼光鋭い強面タイプが決して珍しくはないのだ。ちなみに、冒頭の鉱物研究者の知人というのも、おおむねその通りの人物だ。

《悪人とまではいかないまでも、この種の動物的性格の人間の人生は、植物的性格の人間のそれとくらべて、苦渋に充ちている。敵も多い。（中略）成功のよろこびにも失敗の悔恨にも、人一倍心を擦り減らす。この種の性格は、よろこびも悲しみも、激しく強いのだ。》

サボテンは、孤独とともにある伴侶のような存在であるのだろう。そのような心象は、巻末の詩篇からもかいま見える。

同様の傾向は、蛇、トカゲ、亀などの飼育や繁殖に熱心な爬虫類好きにもあるように思うのだが、以前、拙著『亀のひみつ』に、なぜ亀が好きなのかということについて、なんとか言葉にしてみようと、考えに考えたあげく、「あの、どこか寂寞たる孤独を思わせる存在が、人の中にもある孤独に触れて、むしろほっとさせてくれるようだ」と書いたことがある。

これも「サボテン好きの心理」に共通していると思う。

ところで、わたしはコケ植物の分類が趣味で、二冊ほど関連著書もある。本当はサボテンよりはコケについてのほうが詳しいのだが、このふたつには意外な共通点があることに気がついた。

コケといってまずイメージするのは、しっとりとしたほの暗い森林に息づくみずみずしい緑の情景や、日陰のじめじめとした場所に繁茂する様子だが、じつは多くのコケは、他の動植物が生育しにくい「極地」で暮らしている。

身近な場所では、アスファルトの隙間や街路樹の幹。生活圏を離れてみると、森林限界を超えた高山の山頂付近や、文字通りの極地である南極にはえているものまであるのだ。

さすがに広大な砂漠の真ん中では無理だろうが、岩陰や植物の根元などにはきっと生えているだろう。我が家の、灼熱の太陽が照りつけるベランダでも、カラカラに乾いた植木鉢の中で多肉植物と乾燥に強い種類のコケ（ギンゴケ、エゾスナゴケなど）だけは何くわぬ顔で育っている。やはりコケも極地対応をして生き延びてきた植物なのだ。

ただ、サボテンや多肉植物が比較的「新しい」植物であるのに対して、コケはまったくその反対。現在地球上に存在する植物の中では最も古いともいわれている。そしてサボテンにくらべて適応範囲が果てしなく広く、乾燥時の対策として、自らの水分をすっかり無くして乾ききったまま仮死状態（休眠状態）でやりすごし、そして雨が降るとあっという間に水分を含み、また何事もなかったかのように活動を再開する。という、これもまたずいぶんと変わった、そしてサボテンとはまったく逆の方法をとっているのだ。

そしてこれは、龍膽寺の、「「荒涼」とは「美」なのであって、生きる知恵とは、ここでは「荒涼の美学」にほかならない」という持論に対して、どこか通ずるものがあると思う。

ちなみに、小説『虹と兜蟲』には苔太郎という名前の人物が、『風――に関する

Episode』には「闇の苔」という不思議な表現が登場するなど、意識的に「コケ」という植物を登場させているものがあるため、まったく関心がないわけでもなさそうだ。

ところで、先の「善人なおもて成仏す」の中に、草花好きとはいっても「オモト好きや盆栽好きや観音竹好きや蘭好きなどには、ちょっとそれとは肌合いのちがうのがいて」「自己所有欲を価値観で充たすことで、満足したりしているような場合が、往々少なくない」とも書いている。たしかにあれらの古典園芸は、いったん入れ込むと身代潰すほどの世界なのだ。

そういえば以前、オモトや東洋蘭に血道をあげている知人が「あんなの（サボテンや多肉などの趣味）は浅い」と吐き捨てるように言っているのを聞いたことがある。もちろん、単にその人の「好みではない」というのが何よりだろうけれども、このように極端な拒絶反応は、新興の、それもサボテンという一種異様な植物群と、それをわざわざ愛好する趣味に対する古典の側のプライドや生理的な違和感、恐怖、そしてある種の羨望もないではないだろうという気がした。

サボテンについていえば、他に、昭和三〇年代に書かれた「焼夷弾を浴びたシャボテン」という随筆がある。鉄兜にゲートルという戦時のいでたちで、懇意にしている近郊のサボテン業者をめぐってサボテンあさりをし、東京大空襲のあとには、そのひとつひとつの消息を訪ね歩くという、鬼気迫る情熱と執心とが描かれている。ほぼ実録と思われる私小説的な作品だが、やはりこれまで同様、視覚的なイメージの連鎖が活写される名作であると思う。全集にはおさめられているので、機会があればぜひ読んでもらいたい。

戦火を免れた自宅の温室は、その後も維持継続され、砂漠どころかまるでジャングルの様相だったそうだ。

ご長女である百合子さんの書かれたものによれば、八〇代も半ばをすぎても並外れた健康を維持し、創作意欲は衰えず、好奇心旺盛で「稚気満々」。四人の子供、八人の孫に囲まれた、ある面ではたいへん幸福といえる晩年だったようである。

ただ、昭和三五年に誠文堂新光社から出された『シャボテン』という、すばらしく立派なサボテン図鑑の序文に、

《私は、ひとはあまり知らない（文壇の諸君はよく知っているはずの）ある魔障にわ

ざわいされて、実は、人生に生きて私の才能に課せられた本当の仕事というのを、まだ、しとげていない。》

と、自ら「本当の仕事」と任じていた作家としては不遇であったことを率直に述懐している。

そして、本書にも登場する、自身で栽培しているアガベ属のセンチュリー・プラント。これのいままさに伸びようとしている花梗を中途で切断し、その「育ちも枯れもせずに」いる様子を見守っているという記述とその行為そのものに尋常ならざる悲痛なものを感じ、しばし呆然となった。

とはいえ、その文の結びには「この道楽のおかげで長生きできているので、これは妻子のためにもよいことだろうから感謝してもらいたいものだ」というようなことも書いていて、ついふっと笑わされてしまうが、しかし、その内にある無念さと孤独とがいかに深いものであるかは、想像に難くない。

《その前に、あるじは今立ち尽して、心のはるかかなたを吹き過ぎてゆく風の音に、耳を澄ましているかのように、じっとたたずんでいる。人の世の昼間の利欲の争いも、勝ったり負けたりよろこんだり悲しんだりした生活のどよめきも、かえって今は、もうはるか遠いかなただ。ここにいるのは、今は彼一人で、シャボテンの孤独と彼の孤

独とが、ジッと静かに相対しているだけだ。ここの「時」は一瞬のうちにいわば永劫が流れているのだ。》

自身の温室で、鬱蒼と繁るサボテンや多肉植物とともにすごす時間こそが、かけがえのない、心安らぐひとときであったろうことを想像すると、なおさら胸に迫ってくるものがある。

『人生遊戯派』という随筆（昭和五四年）に、サボテン図鑑などの著作について《これは植物学書ではなく、私にとってはファーブル昆虫記同様、文学書のつもりだった。》と書いている。こういった意識がもっともよく現れたものが『シャボテン幻想』ではないだろうか。

昭和二一年に発表された小説『美人名簿』に、作者自身と思われる主人公の、こんな言葉がある。

《人生は遊びにきたところであり、人生上「仕事」とは生きるというそのことに他ならない。あらゆる才能、あらゆる情熱、精力の最後の一滴まで、人生というこの一大遊戯のために放蕩する、——これが本当の生きかただ。》

孤独、諦念というものが通底してはいるものの、しかし決して枯れてしまったりはせず、最後まで純真な遊戯にふけり、ロマン主義者の、かくありたき姿を、わたしたちに示して去っていった人のように思う。

我が家には、かれこれ二〇年ほど前から、本書の影響で育てはじめた「万象」「玉扇」に「岩牡丹」がいまも健在だ。一時、ご機嫌を損ねて何年ものあいだ成長が止まったこともあったが、どういうわけか最近はみなたいへん元気がいい。

わたしももうだいぶ落ち着いた歳になってきたことだし、そろそろ庭に小さなサボテンの温室を作ってみてもいいかなと思っている。

本書は一九八三年十一月、北宋社より刊行された。

名画とは何か
ケネス・クラーク
富士川義之訳
西洋美術の碩学が厳選した約40点を紹介。なぜそれらは時代を超えて感動を呼ぶのか。アートの本当の読み方がわかる極上の手引。（岡田温司）

官能美術史
池上英洋
西洋美術に溢れるエロティックな裸体たち。そこにはどんな謎が秘められているのか？ カラー多数！200点以上の魅惑的な図版から読む珠玉の美術案内。

残酷美術史
池上英洋
魔女狩り、子殺し、拷問、処刑――美術作品に描かれた身の毛もよだつ事件の数々。カラー多数。200点以上の図版が人間の裏面を抉り出す！

美少年美術史
池上英洋
川口清香
神々や英雄たちを狂わせためくるめく同性愛の世界。芸術家を虜にしたその裸体。カラー含む200点以上の美しい図版から学ぶ、もう一つの西洋史。

グレン・グールドは語る
グレン・グールド／ジョナサン・コット
宮澤淳一訳
独創的な曲解釈やレパートリー、数々のこだわりにより神話化された天才ピアニストが、最高の聞き手を相手に自らの音楽や思想を語る。新訳。

造形思考（上）
パウル・クレー
土方定一／菊盛英夫／坂崎乙郎訳
クレーの遺した膨大なスケッチ、草稿のなかからバウハウス時代のものを集成。独創的な作品はいかにして生まれたのか、その全容を明らかにする。

造形思考（下）
パウル・クレー
土方定一／菊盛英夫／坂崎乙郎訳
運動・有機体・秩序。見えないものに形を与え、目に見えるようにするのが芸術の本質だ。ベンヤミンをも虜にした彼の思想とは。（岡田温司）

ジョン・ケージ 著作選
ジョン・ケージ
小沼純一編
卓越した聴感を駆使し、音楽に革命を起こしたケージ。本書は彼の音楽論、自作品の解説、実験的な文章作品を収録したオリジナル編集。

ゴダール 映画史（全）
ジャン=リュック・ゴダール
奥村昭夫訳
空前の映像作品「映画史 Histoire(s) du cinéma」のルーツがここに！ 一九七八年に行われた連続講義の記録を全一冊で文庫化。（青山真治）

増補 シミュレーショニズム　椹木野衣

恐れることはない、とにかく「盗め！」。独自の視点より、八〇／九〇年代文化を分析総括し、多くのシーンに影響を与えた名著。（福田和也）

ゴシックとは何か　酒井健

中世キリスト教信仰と自然崇拝が生んだ聖なるかたち。その思想をたどり、ヨーロッパ文化を読み直す。補遺としてガウディ論を収録した完全版。

卵のように軽やかに　エリック・サティ　秋山邦晴／岩佐鉄男編訳

音楽史から常にはみ出た異端者として扱われてきたサティとは何者？　時にユーモラス、時にシニカルなエッセイ・詩を精選。（巻末エッセイ　高橋アキ）

グレン・グールド　孤独のアリア　ミシェル・シュネデール　千葉文夫訳

鮮烈な衝撃を残して二〇世紀を駆け抜けた天才ピアニストの生と死と音楽を透明なタッチで描く、最もドラマティックなグールド論。（岡田敦子）

民藝の歴史　志賀直邦

モノだけでなく社会制度や経済活動にも美しさを求めた柳宗悦の民藝運動。「本当の世界」を求める若者達のよりどころとなった思想を、いま振り返る。

魔術的リアリズム　種村季弘

一九二〇年代ドイツに突然現れ、妖しい輝きを遺して消え去った「幻の芸術」の軌跡から、時代の肖像を鮮やかに浮かび上がらせる。（今泉文子）

20世紀美術　高階秀爾

混乱した二〇世紀の美術を鳥瞰し、近代以降、現代すなわち同時代の感覚が生み出した芸術が、われわれにとって持つ意味を探る。増補版、図版多数。

世紀末芸術　高階秀爾

伝統芸術から現代芸術へ。19世紀末の芸術運動には既に抽象芸術や幻想世界の探求が萌芽していた。新時代への美の冒険を捉える。（鶴岡真弓）

鏡と皮膚　谷川渥

「神話」という西洋美術のモチーフをめぐり、芸術の認識論的隠喩として二つの表層を論じる新しい身体論・美学。鷲田清一氏との対談収録。

ちくま学芸文庫

シャボテン幻想《げんそう》

二〇一六年十二月十日　第一刷発行

著　者　龍膽寺雄（りゅうたんじ・ゆう）
発行者　山野浩一
発行所　株式会社　筑摩書房
　東京都台東区蔵前二—五—三　〒一一一—八七五五
　振替〇〇一六〇—八—四一二三
装幀者　安野光雅
印刷所　三松堂印刷株式会社
製本所　三松堂印刷株式会社

乱丁・落丁本の場合は、左記宛にご送付下さい。
送料小社負担でお取り替えいたします。
ご注文・お問い合わせも左記へお願いします。
筑摩書房サービスセンター
埼玉県さいたま市北区櫛引町二—六〇四　〒三三一—八五〇七
電話番号　〇四八—六五一—〇〇五三

ISBN978-4-480-09765-1 C0195